Seit jeher werden James Joyce' *Dubliner*, denen die Erzählungen in diesem Band entnommen sind, als Einstieg in sein Werk gesehen, und dies gilt in doppelter Hinsicht für die Auswahl in diesem zweisprachigen Band. Dem Leser wird ein bewegendes Kaleidoskop Dublins aus den Anfängen des letzten Jahrhunderts vorgeführt, fesselnde und bisweilen irritierende Erzählungen von Menschen am Rande der Gesellschaft, die ihren Traditionen eng verhaftet sind und sich doch von ihnen befreien wollen, ohne recht zu wissen, wie. Zugleich eröffnet sich ihm die kraftvolle und unverwechselbare Sprache eines der wichtigsten Autoren des 20. Jahrhunderts im Original – und wo das Vokabular nicht ausreicht, hilft die deutsche Übersetzung weiter.

James Joyce (1882–1941) kam in Dublin zur Welt, wurde von Jesuiten erzogen, sagte sich aber schon früh von der Kirche los, verließ mit 22 Jahren Irland und lebte in Paris, Triest und Zürich, wo er, zuletzt halb erblindet, starb. Mit seinen vielschichtigen Romanen *Ulysses* und *Finnegans Wake* setzte er in der Weltliteratur neue Maßstäbe.

James Joyce

Dublin Stories
Erzählungen aus Dublin

Ausgewählt und übersetzt von
Harald Raykowski

Deutscher Taschenbuch Verlag

dtv zweisprachig
Begründet von Kristof Wachinger-Langewiesche

Von James Joyce ist
im Deutschen Taschenbuch Verlag erschienen:

Dubliner (vollständiger deutscher Text, dtv 14069)

**Ausführliche Informationen über
unsere Autoren und Bücher
finden Sie auf unserer Website
www.dtv.de**

2012 Deutscher Taschenbuch Verlag GmbH & Co. KG,
München
Die Übersetzung ist urheberrechtlich geschützt.
Sämtliche, auch auszugsweise Verwertungen, bleiben vorbehalten.
Überarbeitete Neuausgabe von dtv 9294
Umschlagkonzept: Balk & Brumshagen
Umschlagbild: ‹O'Connell Bridge› (1925)
von Jack B. Yeats (VG Bild-Kunst, Bonn 2011)
Satz: Greiner & Reichel, Köln
Druck und Bindung: Kösel, Krugzell
Gedruckt auf säurefreiem, chlorfrei gebleichtem Papier
Printed in Germany · ISBN 978-3-423-09502-0

INHALT

THE SISTERS

There was no hope for him this time: it was the third stroke. Night after night I had passed the house (it was vacation time) and studied the lighted square of window: and night after night I had found it lighted in the same way, faintly and evenly. If he was dead, I thought, I would see the reflection of candles on the darkened blind for I knew that two candles must be set at the head of a corpse. He had often said to me: *I am not long for this world,* and I had thought his words idle. Now I knew they were true. Every night as I gazed up at the window I said softly to myself the word *paralysis*. It had always sounded strangely in my ears, like the word *gnomon* in the Euclid and the word simony in the Catechism. But now it sounded to me like the name of some maleficent and sinful being. It filled me with fear, and yet I longed to be nearer to it and to look upon its deadly work.

Old Cotter was sitting at the fire, smoking, when I came downstairs to supper. While my aunt was ladling out my stirabout he said, as if returning to some former remark of his:

"No, I wouldn't say he was exactly … but there was something queer … there was something uncanny about him. I'll tell you my opinion …

He began to puff at his pipe, no doubt arranging his opinion in his mind. Tiresome old fool!

DIE SCHWESTERN

Diesmal gab es für ihn keine Hoffnung mehr: Es war sein dritter Schlaganfall. Abend für Abend war ich an dem Haus vorbeigegangen (es war Ferienzeit) und hatte das erleuchtete Fensterviereck studiert; und Abend für Abend war es in derselben Weise erleuchtet, schwach und gleichmäßig. Wenn er tot wäre, dachte ich, würde ich den Widerschein von Kerzen auf dem dunklen Rouleau sehen, denn ich wusste, dass am Kopf eines aufgebahrten Leichnams zwei Kerzen aufgestellt werden müssen. Er hatte oft zu mir gesagt: *Ich bin nicht mehr lange von dieser Welt*, und ich hatte das für leere Worte gehalten. Jetzt wusste ich, dass er recht gehabt hatte. Jeden Abend, wenn ich zu dem Fenster hinaufsah, flüsterte ich das Wort *Paralyse* vor mich hin. Es hatte in meinen Ohren stets sonderbar geklungen, so wie das Wort *Gnomon* im Euklid oder das Wort *Simonie* im Katechismus. Aber jetzt hörte es sich für mich an wie der Name eines bösartigen und sündhaften Wesens. Es machte mir Angst, und zugleich wünschte ich ihm näher zu kommen und sein tödliches Werk zu betrachten.

Der alte Cotter saß am Kamin und rauchte, als ich zum Abendessen herunterkam. Während meine Tante mir meine Portion Porridge auftat, sagte er, so als knüpfte er an eine vorausgegangene Bemerkung an:

«Nein, ich würde nicht ausdrücklich behaupten, dass er … aber er hatte etwas Sonderbares … er hatte etwas Unheimliches. Ich will Ihnen sagen, was ich meine …»

Dann paffte er eine Weile an seiner Pfeife und überlegte vermutlich dabei, was er denn meinte. Geschwätziger

When we knew him first he used to be rather interesting, talking of faints and worms; but I soon grew tired of him and his endless stories about the distillery.

"I have my own theory about it," he said. "I think it was one of those … peculiar cases … But it's hard to say …"

He began to puff again at his pipe without giving us his theory. My uncle saw me staring and said to me:

"Well, so your old friend is gone, you'll be sorry to hear."

"Who?" said I.

"Father Flynn."

"Is he dead?"

"Mr Cotter here has just told us. He was passing by the house."

I knew that I was under observation so I continued eating as if the news had not interested me. My uncle explained to old Cotter.

"The youngster and he were great friends. The old chap taught him a great deal, mind you; and they say he had a great wish for him."

"God have mercy on his soul," said my aunt piously.

Old Cotter looked at me for a while. I felt that his little beady black eyes were examining me but I would not satisfy him by looking up from my plate. He returned to his pipe and finally spat rudely into the grate.

"I wouldn't like children of mine," he said, "to have too much to say to a man like that."

alter Dummkopf! Als wir ihn erst kurze Zeit kannten und er von Schlempe und Kühlschlangen erzählte, fand ich ihn noch ganz interessant, aber bald hatte ich genug von ihm und seinen endlosen Geschichten aus der Brennerei.

«Ich hab da meine eigene Theorie», sagte er. «Ich denke, es war einer dieser … merkwürdigen Fälle … Aber es ist schwer zu sagen …»

Er fuhr fort, an seiner Pfeife zu paffen, ohne uns seine Theorie zu verraten. Als mein Onkel sah, dass ich große Augen machte, sagte er zu mir:

«Tja, du wirst sicher traurig sein, aber dein alter Freund ist nicht mehr.»

«Wer?», fragte ich.

«Father Flynn.»

«Ist er tot?»

«Mr Cotter hier hat es uns gerade erzählt. Er kam zufällig am Haus vorbei.»

Ich wusste, dass ich genau beobachtet wurde, deshalb aß ich einfach weiter, als interessierte mich die Nachricht nicht. Erklärend sagte mein Onkel zum alten Cotter:

«Der Junge und er waren dicke Freunde. Der Alte hat ihm nämlich eine Menge beigebracht, und es heißt, er hätte große Stücke auf ihn gehalten.»

«Möge Gott seiner Seele gnädig sein, sagte meine Tante fromm.»

Der alte Cotter sah mich eine Weile an. Ich spürte, wie er mich mit seinen Schweinsäuglein musterte, aber ich tat ihm nicht den Gefallen, von meinem Teller aufzusehen. Er widmete sich wieder seiner Pfeife und spuckte schließlich geringschätzig in den Kamin.

«Ich würde es nicht gerne sehen», sagte er, «wenn meine Kinder sich mit so jemandem abgeben würden.»

"How do you mean, Mr Cotter?" asked my aunt.

"What I mean is," said old Cotter, "it's bad for children. My idea is: let a young lad run about and play with young lads of his own age and not be … Am I right, Jack?"

"That's my principle, too," said my uncle. "Let him learn to box his corner. That's what I'm always saying to that Rosicrucian there: take exercise. Why, when I was a nipper every morning of my life I had a cold bath, winter and summer. And that's what stands to me now. Education is all very fine and large … Mr Cotter might take a pick of that leg of mutton," he added to my aunt.

"No, no, not for me," said old Cotter.

My aunt brought the dish from the safe and put it on the table.

"But why do you think it's not good for children, Mr Cotter?" she asked.

"It's bad for children," said old Cotter, "because their minds are so impressionable. When children see things like that, you know, it has an effect …"

I crammed my mouth with stirabout for fear I might give utterance to my anger. Tiresome old red-nosed imbecile!

It was late when I fell asleep. Though I was angry with old Cotter for alluding to me as a child, I puzzled my head to extract meaning from his unfinished sentences. In the dark of my room I imagined that I saw again the heavy grey face of the paralytic. I drew the blankets over my head and tried to think of Christmas. But the grey face still followed me. It murmured;

«Was meinen Sie damit, Mr Cotter?», fragte meine Tante.

«Ich meine damit», sagte der alte Cotter, «dass es Kindern nicht gut tut. Meiner Meinung nach sollte ein junger Bursche mit gleichaltrigen Burschen herumrennen und spielen, anstatt … Hab ich nicht recht, Jack?»

«Das ist auch mein Grundsatz», bestätigte mein Onkel. «Man muss lernen, sich durchzuboxen. Das sage ich diesem jungen Rosenkreuzer da auch immer: tummel dich! Als ich so jung war, habe ich jeden Morgen ein kaltes Bad genommen, winters wie sommers. Das kommt mir jetzt noch zustatten. Bildung ist ja schön und gut … Vielleicht möchte Mr Cotter etwas von der Hammelkeule, sagte er dann zu meiner Tante gewandt.»

«Nein, nein, vielen Dank», sagte der alte Cotter.

Meine Tante holte die Platte aus dem Vorratsschrank und stellte sie auf den Tisch.

«Aber warum meinen Sie, dass es für Kinder nicht gut ist, Mr Cotter?», fragte sie.

«Es ist schlecht für sie», erklärte der alte Cotter, «weil sie noch so leicht zu beeinflussen sind. Wenn Kinder so was sehen, wissen Sie, dann hat das Folgen …»

Ich stopfte mir den Mund mit Porridge voll aus Angst, ich könnte vor Wut etwas sagen. Geschwätziger, rotnasiger alter Trottel!

Als ich einschlief, war es schon spät. Ich war zwar wütend auf den alten Cotter, weil er mich ein Kind genannt hatte, zerbrach mir aber zugleich den Kopf, was er wohl mit seinen Halbsätzen gemeint hatte. In der Dunkelheit meines Zimmers bildete ich mir ein, das große, graue Gesicht des Paralytikers vor mir zu sehen. Ich zog mir die Decke über den Kopf und versuchte an Weihnachten zu denken. Aber das graue Gesicht verfolgte

and I understood that it desired to confess
something. I felt my soul receding into some
pleasant and vicious region; and there again I
found it waiting for me. It began to confess to
me in a murmuring voice and I wondered why
it smiled continually and why the lips were so
moist with spittle. But then I remembered that
it had died of paralysis and I felt that I too was
smiling feebly, as if to absolve the simoniac of
his sin.

The next morning after breakfast I went
down to look at the little house in Great Britain
Street. It was an unassuming shop, registered
under the vague name of *Drapery*. The drapery
consisted mainly of children's bootees and
umbrellas; and on ordinary days a notice used
to hang in the window, saying: *Umbrellas
Re-covered.* No notice was visible now for the
shutters were up. A crape bouquet was tied
to the door-knocker with ribbon. Two poor
women and a telegram boy were reading the
card pinned on the crape. I also approached and
read:

July 1st, 1895
The Rev. James Flynn
(formerly of S. Catherine's Church, Meath Street),
aged sixty-five years.
R.I.P.

The reading of the card persuaded me that he
was dead and I was disturbed to find myself at
check. Had he not been dead I would have gone

mich. Es murmelte etwas, und ich begriff, dass es etwas beichten wollte. Ich fühlte, wie sich meine Seele in eine angenehm böse Region zurückzog, aber auch dort wartete es schon auf mich. Es begann mir mit murmelnder Stimme zu beichten, und ich überlegte, warum es wohl andauernd lächelte und warum die Lippen so feucht von Speichel waren. Dann fiel mir ein, dass es an Paralyse gestorben war, und ich merkte, dass auch ich schwach lächelte, als wollte ich den Simonisten von seiner Sünde lossprechen.

Am nächsten Morgen nach dem Frühstück ging ich raus und sah mir das kleine Haus unten in der Great Britain Street an. Es war ein bescheidener Laden, der unter der vagen Bezeichnung *Bekleidung* geführt wurde. Die Bekleidung bestand hauptsächlich aus wollenen Kinderschühchen und Schirmen, und an gewöhnlichen Tagen hing ein Schild im Fenster mit der Aufschrift *Neubespannung von Schirmen*. Jetzt war kein Schild zu sehen, denn die Fensterläden waren geschlossen. Ein Trauerbukett aus schwarzem Krepp war mit Bändern am Türklopfer befestigt. Zwei arme Frauen und ein Telegrammbote lasen gerade die Karte, die an das Bukett geheftet war. Ich ging auch hin und las:

1. Juli 1895
Pfarrer James Flynn
(vormals S. Catherine's Church, Meath Street),
im Alter von 65 Jahren.
R. I. P.

Das Lesen dieser Karte überzeugte mich davon, dass er tot war, aber dabei ließ ich es bewenden, und das beunruhigte mich. Wäre er nicht tot gewesen, wäre ich in das

into the little dark room behind the shop to find
him sitting in his arm-chair by the fire, nearly
smothered in his great-coat. Perhaps my aunt
would have given me a packet of High Toast for
him and this present would have roused him
from his stupefied doze. It was always I who
emptied the packet into his black snuff-box for
his hands trembled too much to allow him to
do this without spilling half the snuff about
the floor. Even as he raised his large trembling
hand to his nose little clouds of smoke dribbled
through his fingers over the front of his coat.
It may have been these constant showers of
snuff which gave his ancient priestly garments
their green faded look, for the red handkerchief,
blackened, as it always was, with the snuff-
stains of a week, with which he tried to brush
away the fallen grains, was quite inefficacious.

I wished to go in and look at him but I had
not the courage to knock. I walked away slowly
along the sunny side of the street, reading all
the theatrical advertisements in the shopwin-
dows as I went. I found it strange that neither
I nor the day seemed in a mourning mood and
I felt even annoyed at discovering in myself
a sensation of freedom as if I had been freed
from something by his death. I wondered at
this for, as my uncle had said the night before,
he had taught me a great deal. He had studied
in the Irish college in Rome and he had taught
me to pronounce Latin properly. He had told
me stories about the catacombs and about Napoleon Bonaparte, and he had explained to me

dunkle kleine Zimmer hinter dem Laden gegangen, wo ich ihn in seinem Sessel am Kaminfeuer gefunden hätte, halb versunken in seinem Überzieher. Meine Tante hätte mir vielleicht ein Päckchen High Toast für ihn mitgegeben, und dieses Geschenk hätte ihn aus seinem Dämmerschlaf geweckt. Ich war es, der den Inhalt des Päckchens in seine schwarze Schnupftabaksdose füllen musste, denn mit seinen zittrigen Händen konnte er das nicht, ohne die Hälfte des Schnupftabaks auf den Boden zu schütten. Selbst wenn er seine große zitternde Hand zur Nase hob, rieselten Wölkchen davon zwischen seinen Fingern hindurch auf seinen Rock. Vielleicht war es dieser fortwährende Schnupftabaksregen, der seinem alten Priesterrock sein grünlich verschossenes Aussehen gab, denn das rote Taschentuch, immer geschwärzt von den Tabakflecken einer ganzen Woche, mit dem er die herabgefallenen Krümel wegzuwischen versuchte, war eher wirkungslos.

Ich wäre gern hineingegangen, um ihn zu sehen, aber ich hatte nicht den Mut anzuklopfen. Langsam ging ich auf der Sonnenseite der Straße davon und las im Vorbeigehen alle Theaterankündigungen in den Schaufenstern. Es kam mir sonderbar vor, dass weder ich noch das Wetter in Trauerstimmung waren, und ich war sogar ärgerlich, ein Gefühl der Freiheit in mir zu entdecken, als hätte mich sein Tod von etwas befreit. Ich wunderte mich darüber, denn er hatte mir, wie mein Onkel am Abend zuvor gesagt hatte, eine Menge beigebracht. Er hatte am irischen Kolleg in Rom studiert und mir beigebracht, das Lateinische richtig auszusprechen. Er hatte mir Geschichten über die Katakomben und über Napoleon Bonaparte erzählt, er hatte mir die Bedeutung der verschiedenen Zeremonien während der Messe erklärt

the meaning of the different ceremonies of the
Mass and of the different vestments worn by
the priest. Sometimes he had amused himself
by putting difficult questions to me, asking me
what one should do in certain circumstances
or whether such and such sins were mortal or
venial or only imperfections. His questions
showed me how complex and mysterious were
certain institutions of the Church which I had
always regarded as the simplest acts. The duties
of the priest towards the Eucharist and towards
the secrecy of the confessional seemed so grave
to me that I wondered how anybody had ever
found in himself the courage to undertake them;
and I was not surprised when he told me that
the fathers of the Church had written books as
thick as the *Post Office Directory* and as closely
printed as the law notices in the newspaper,
elucidating all these intricate questions. Often
when I thought of this I could make no answer
or only a very foolish and halting one upon
which he used to smile and nod his head twice
or thrice. Sometimes he used to put me through
the responses of the Mass which he had made
me learn by heart; and, as I pattered, he used to
smile pensively and nod his head, now and then
pushing huge pinches of snuff up each nostril
alternately. When he smiled he used to uncover
his big discoloured teeth and let his tongue lie
upon his lower lip – a habit which had made me
feel uneasy in the beginning of our acquaintance
before I knew him well.

   As I walked along in the sun I remembered

und die der verschiedenen Gewänder, die der Priester
trägt. Manchmal hatte er sich einen Spaß daraus gemacht, mir schwierige Fragen zu stellen, zum Beispiel
wie man sich unter bestimmten Umständen zu verhalten habe oder ob es sich bei dieser oder jener Sünde
um eine Todsünde oder eine lässliche Sünde oder nur
um eine menschliche Schwäche handele. Seine Fragen
machten mir klar, wie kompliziert und geheimnis-
voll gewisse kirchliche Bräuche waren, die ich bis
dahin für ganz einfache Handlungen gehalten hatte.
Die Pflichten des Priesters gegenüber dem Altar-
sakrament und dem Beichtgeheimnis erschienen mir
so schwerwiegend, dass ich mich fragte, wie jemand
den Mut aufbringen konnte, sie auf sich zu nehmen;
und es überraschte mich nicht, als er mir sagte, die
Kirchenväter hätten Bücher geschrieben, so dick wie
das Adressbuch und so eng gedruckt wie die Gerichts-
mitteilungen in der Zeitung, in denen sie all diese
komplizierten Fragen erörterten. Oftmals, wenn ich
daran dachte, brachte ich entweder gar keine oder nur
eine ganz dumme und zögernde Antwort zustande,
worauf er gewöhnlich lächelte und ein paarmal nickte.
Manchmal ging er die Responsorien mit mir durch,
die ich hatte auswendig lernen müssen; und während
ich sie hersagte, lächelte er versonnen und nickte, und
von Zeit zu Zeit schob er eine große Prise Schnupftabak mal in das eine, mal in das andere Nasenloch.
Beim Lächeln entblößte er seine großen, verfärbten
Zähne und ließ die Zunge auf der Unterlippe liegen –
eine Angewohnheit, die mir zu Anfang unserer
Bekanntschaft, bis ich ihn näher kennenlernte, un-
angenehm gewesen war.

Während ich im Sonnenschein dahinging, fielen

old Cotter's words and tried to remember
what had happened afterwards in the dream.
I remembered that I had noticed long velvet
curtains and a swinging lamp of antique fashion.
I felt that I had been very far away, in some land
where the customs were strange – in Persia,
I thought … But I could not remember the end
of the dream.

In the evening my aunt took me with her to
visit the house of mourning. It was after sunset;
but the window-panes of the houses that looked
to the west reflected the tawny gold of a great
bank of clouds. Nannie received us in the hall;
and, as it would have been unseemly to have
shouted at her, my aunt shook hands with her for
all. The old woman pointed upwards interroga-
tively and, on my aunt's nodding, proceeded to
toil up the narrow staircase before us, her bowed
head being scarcely above the level of the banister-
rail. At the first landing she stopped and beckoned
us forward encouragingly towards the open door
of the dead-room. My aunt went in and the old
woman, seeing that I hesitated to enter, began to
beckon to me again repeatedly with her hand.

I went in on tiptoe. The room through the lace
end of the blind was suffused with dusky golden
light amid which the candles looked like pale thin
flames. He had been coffined. Nannie gave the
lead and we three knelt down at the foot of the
bed. I pretended to pray but I could not gather my
thoughts because the old woman's mutterings dis-
tracted me. I noticed how clumsily her skirt was
hooked at the back and how the heels of her cloth

mir die Worte des alten Cotter wieder ein, und ich versuchte mich zu erinnern, was in dem Traum sonst noch geschehen war. Ich erinnerte mich, dass mir lange Samtvorhänge aufgefallen waren und eine Hängelampe von altertümlichem Aussehen. Ich hatte das Gefühl, ich sei sehr weit weg gewesen, in einem Land mit fremdartigen Bräuchen – vielleicht in Persien ... Aber an das Ende des Traums konnte ich mich nicht erinnern.

Am Abend nahm mich meine Tante mit zum Besuch im Trauerhaus. Die Sonne war schon untergegangen, aber in den nach Westen gelegenen Fenstern des Hauses spiegelte sich das dunkle Gold einer großen Wolkenbank. Nannie empfing uns in der Diele, und da es unschicklich gewesen wäre, laut mit ihr zu reden, drückte meine Tante stellvertretend für uns alle ihr nur die Hand. Die alte Frau deutete fragend nach oben, und als meine Tante nickte, führte sie uns mühsam die enge Treppe hinauf, den Kopf fast bis auf die Höhe des Geländers heruntergebeugt. Auf dem ersten Treppenabsatz blieb sie stehen und winkte uns ermunternd zur offenstehenden Tür des Totenzimmers. Meine Tante ging hinein, und als die alte Frau sah, wie ich zögerte, wiederholte sie ihre Handbewegung mehrmals.

Ich ging auf Zehenspitzen hinein. Das Licht, das unter dem Spitzenbesatz des Rouleaus hereindrang, tauchte das Zimmer in dämmriges Gold, in dem sich die Kerzen wie blasse dünne Flammen ausnahmen. Er lag bereits im Sarg. Wir folgten Nannies Beispiel, und zu dritt knieten wir am Fußende des Bettes nieder. Ich tat, als ob ich betete, aber ich konnte meine Gedanken nicht sammeln, da mich das Gemurmel der alten Frau ablenkte. Mir fiel auf, wie unordentlich ihr Rock hinten zugehakt war und wie schiefgetreten die

boots were trodden down all to one side. The fancy came to me that the old priest was smiling as he lay there in his coffin.

But no. When we rose and went up to the head of the bed I saw that he was not smiling. There he lay, solemn and copious, vested as for the altar, his large hands loosely retaining a chalice. His face was very truculent, grey and massive, with black cavernous nostrils and circled by a scanty white fur. There was a heavy odour in the room – the flowers.

We crossed ourselves and came away. In the little room downstairs we found Eliza seated in his arm-chair in state. I groped my way towards my usual chair in the corner while Nannie went to the sideboard and brought out a decanter of sherry and some wine-glasses. She set these on the table and invited us to take a little glass of wine. Then, at her sister's bidding, she filled out the sherry into the glasses and passed them to us. She pressed me to take some cream crackers also, but I declined because I thought I would make too much noise eating them. She seemed to be somewhat disappointed at my refusal and went over quietly to the sofa, where she sat down behind her sister. No one spoke: we all gazed at the empty fireplace.

My aunt waited until Eliza sighed and then said:
"Ah, well, he's gone to a better world."

Eliza sighed again and bowed her head in assent. My aunt fingered the stem of her wine-glass before sipping a little.

"Did he. ... peacefully?" she asked.

Absätze ihrer Leinenstiefel waren. In meiner Phantasie sah ich den alten Priester lächeln, wie er da in seinem Sarg lag.

Aber nein. Als wir aufstanden und zum Kopfende des Bettes traten, sah ich, dass er nicht lächelte. Da lag er, feierlich und füllig in seinem Messgewand, und seine großen Hände waren lose um einen Kelch gelegt. Sein Gesicht sah sehr trotzig aus, grau und massig, mit Nasenlöchern wie schwarze Höhlen und von einem dünnen weißen Pelz gesäumt. Es hing ein schwerer Duft im Raum – von den Blumen.

Wir bekreuzigten uns und gingen. In dem kleinen Zimmer im Erdgeschoss stießen wir auf Eliza, die auf seinem Sessel thronte. Ich tastete mich zu meinem gewohnten Stuhl in der Ecke, während Nannie zum Büffet ging und eine Sherry-Karaffe und Weingläser hervorholte. Sie stellte sie auf den Tisch und lud uns ein, ein Gläschen zu trinken. Auf Bitten ihrer Schwester goss sie uns dann von dem Sherry ein und reichte die Gläser herum. Sie drängte mich, auch ein paar Sahnecracker zu nehmen, aber ich lehnte dankend ab, da ich fürchtete, beim Kauen zuviel Geräusch zu machen. Sie schien über meine Ablehnung ein wenig enttäuscht und ging still zum Sofa, wo sie hinter ihrer Schwester Platz nahm. Wir schwiegen und starrten alle in den leeren Kamin.

Meine Tante wartete, bis Eliza seufzte, und sagte dann:

« Ach ja, er ist jetzt in einer besseren Welt. »

Eliza seufzte noch einmal und nickte zustimmend. Meine Tante drehte den Stiel ihres Weinglases zwischen den Fingern, ehe sie einen kleinen Schluck nahm.

« Ist er friedlich …? », fragte sie.

"Oh, quite peacefully, ma'am," said Eliza. "You couldn't tell when the breath went out of him. He had a beautiful death, God be praised."

"And everything …?"

"Father O'Rourke was in with him a Tuesday and anointed him and prepared him and all."

"He knew then?"

"He was quite resigned."

"He looks quite resigned," said my aunt.

"That's what the woman we had in to wash him said. She said he just looked as if he was asleep, he looked that peaceful and resigned. No one would think he'd make such a beautiful corpse."

"Yes, indeed," said my aunt.

She sipped a little more from her glass and said:

"Well, Miss Flynn, at any rate it must be a great comfort for you to know that you did all you could for him. You were both very kind to him, I must say."

Eliza smoothed her dress over her knees.

"Ah, poor James!" she said. "God knows we done all we could, as poor as we are – we wouldn't see him want anything while he was in it."

Nannie had leaned her head against the sofa pillow and seemed about to fall asleep.

"There's poor Nannie," said Eliza, looking at her, "she's wore out. All the work we had, she and me, getting in the woman to wash him and then laying him out and then the coffin and then arranging about the Mass in the chapel. Only for Father O'Rourke I don't know what

«Oh, ganz friedlich, Ma'am», sagte Eliza. «Man hat gar nicht gemerkt, wann er den letzten Atemzug getan hat. Es war ein schöner Tod, Gott sei gelobt.»

«Und alles ...?»

«Father O'Rourke war am Dienstag bei ihm und hat ihm die letzte Ölung gespendet und ihn vorbereitet und alles.»

«Er wusste es also?»

«Er war ganz gefasst.»

«Er sieht ganz gefasst aus», sagte meine Tante.

«Das sagte die Frau auch, die da war, um ihn zu waschen. Sie sagte, er sähe so aus, als ob er nur schliefe, so friedlich und gefasst sähe er aus. Wer hätte gedacht, dass er eine so schöne Leiche abgeben würde.»

«Das ist wahr», sagte meine Tante.

Sie nippte wieder an ihrem Glas und fügte hinzu:

«Nun, Miss Flynn, es ist gewiss ein sehr tröstlicher Gedanke für Sie, dass Sie alles für ihn getan haben, was möglich war. Sie waren beide sehr gut zu ihm, das muss man sagen.»

Eliza strich ihr Kleid über den Knien glatt.

«Ach, der arme James!», sagte sie. «Gott weiß, dass wir alles für ihn getan haben, was möglich war. So arm wir auch sind, wir wollten es ihm an nichts fehlen lassen, solange er noch da war.»

Nannie hatte den Kopf an das Sofakissen gelehnt und schien gleich einschlafen zu wollen.

«Arme Nannie,» sagte Eliza und sah sie an, «sie ist ganz fertig. All die Mühen, die wir hatten, sie und ich, die Leichenwäscherin zu holen und ihn aufzubahren und dann den Sarg und dann die Messe in der Kapelle zu bestellen. Ich weiß gar nicht, was wir ohne Father O'Rourke gemacht hätten. Er hat uns all die Blumen

we'd done at all. It was him brought us all them flowers and them two candlesticks out of the chapel and wrote out the notice for the *Freeman's General* and took charge of all the papers for the cemetery and poor James's insurance."

"Wasn't that good of him?" said my aunt.

Eliza closed her eyes and shook her head slowly.

"Ah, there's no friends like the old friends," she said, "when all is said and done, no friends that a body can trust."

"Indeed, that's true," said my aunt. "And I'm sure now that he's gone to his eternal reward he won't forget you and all your kindness to him."

"Ah, poor James!" said Eliza. "He was no great trouble to us. You wouldn't hear him in the house any more than now. Still, I know he's gone and all to that ..."

"It's when it's all over that you'll miss him," said my aunt.

"I know that," said Eliza. "I won't be bringing him in his cup of beef-tea any more, nor you, ma'am, sending him his snuff. Ah, poor James!"

She stopped, as if she were communing with the past and then said shrewdly:

"Mind you, I noticed there was something queer coming over him latterly. Whenever I'd bring in his soup to him there I'd find him with his breviary fallen to the floor, lying back in the chair and his mouth open."

She laid a finger against her nose and frowned: then she continued:

und die zwei Kerzenleuchter da aus der Kapelle mitgebracht und die Anzeige für den *Freeman's General* geschrieben und sich um die Papiere für den Friedhof gekümmert und um die Versicherung unseres armen James.»

«Das war aber wirklich freundlich», sagte meine Tante.

Eliza schloß die Augen und schüttelte langsam den Kopf.

«Ach, es geht eben nichts über alte Freunde, wenn man sich's mal überlegt», sagte sie, «auf die anderen ist kein Verlass.»

«Da haben Sie recht», sagte meine Tante. «Und jetzt, wo er in die ewige Seligkeit eingegangen ist, wird er Sie und all Ihre Güte gewiss nicht vergessen.»

«Ach, der arme James!», seufzte Eliza. «Er war uns nie eine Last. Nie hat man im Haus mehr von ihm gehört als jetzt. Aber ich weiß, er ist von uns gegangen in den …»

«Wenn erst alles vorüber ist, wird er Ihnen fehlen», sagte meine Tante.

«Ich weiß schon», sagte Eliza. «Ich werde ihm nie mehr seine Tasse Fleischbrühe hineintragen, und Sie, Ma'am, werden ihm keinen Schnupftabak mehr schicken. Ach, armer James!»

Sie schwieg, als hielte sie Zwiesprache mit der Vergangenheit, und dann sagte sie wissend:

«Ich muss sagen, in letzter Zeit ist mir aufgefallen, dass irgendwas Sonderbares an ihm war. Jedes Mal, wenn ich ihm seine Suppe brachte, saß er da in seinem Sessel, den Kopf zurückgelegt, den Mund weit offen und das Brevier auf dem Boden.»

Sie legte einen Finger an die Nase und zog die Brauen zusammen. Dann fuhr sie fort:

"But still and all he kept on saying that before the summer was over he'd go out for a drive one fine day just to see the old house again where we were all born down in Irishtown, and take me and Nannie with him. If we could only get one of them new-fangled carriages that makes no noise that Father O'Rourke told him about, them with the rheumatic wheels, for the day cheap – he said, at Johnny Rush's over the way there and drive out the three of us together of a Sunday evening. He had his mind set on that … Poor James!"

"The Lord have mercy on his soul!" said my aunt.

Eliza took out her handkerchief and wiped her eyes with it. Then she put it back again in her pocket and gazed into the empty grate for some time without speaking.

"He was too scrupulous always," she said. "The duties of the priesthood was too much for him. And then his life was, you might say, crossed."

"Yes," said my aunt. "He was a disappointed man. You could see that."

A silence took possession of the little room and, under cover of it, I approached the table and tasted my sherry and then returned quietly to my chair in the corner. Eliza seemed to have fallen into a deep reverie. We waited respectfully for her to break the silence: and after a long pause she said slowly:

"It was that chalice he broke … That was the beginning of it. Of course, they say it was all right, that it contained nothing, I mean. But

«Und trotzdem hat er immer wieder gesagt, noch ehe der Sommer vorbei sei, würde er sich an einem schönen Tag aufmachen, um das alte Haus drunten in Irishtown wiederzusehen, wo wir alle geboren sind, und Nannie und mich würde er mitnehmen. Wenn wir nur mal für einen Tag so eins von diesen neumodischen Gefährten, die keinen Lärm machen, günstig kriegen könnten – Father O'Rourke hat ihm davon erzählt –, so eins mit rheumatischen Reifen, sagte er, von Johnny Rush dort um die Ecke, um dann zu dritt an einem Sonntagabend hinzufahren. Das hatte er sich in den Kopf gesetzt ... Armer James!»

«Möge der Herr seiner Seele gnädig sein!», sagte meine Tante.

Eliza holte ihr Taschentuch hervor und wischte sich damit die Augen. Dann steckte sie es wieder ein und starrte eine Zeitlang in den leeren Kamin, ohne ein Wort zu sprechen.

«Er war immer viel zu gewissenhaft», sagte sie. Die Pflichten des Priesteramts waren zuviel für ihn. Und dann wurde sein Leben ja sozusagen durchkreuzt.

«Ja», sagte meine Tante, «er war ein enttäuschter Mann. Das hat man ihm angemerkt.»

Schweigen breitete sich in dem kleinen Zimmer aus, und in seinem Schutz näherte ich mich dem Tisch, trank etwas von meinem Sherry und ging dann leise zu meinem Stuhl in der Ecke zurück. Eliza schien in tiefes Nachdenken versunken. Wir warteten höflich, dass sie das Schweigen bräche, und nach langer Zeit sagte sie langsam:

«Es war dieser Kelch, den er zerbrochen hat ... Damit fing es an. Es heißt zwar, es war nicht schlimm, ich meine, es war ja nichts drin. Aber trotzdem ... Man sagt,

still … They say it was the boy's fault. But poor James was so nervous, God be merciful to him!"

"And was that it?" said my aunt. "I heard something …"

Eliza nodded.

"That affected his mind," she said. "After that he began to mope by himself, talking to no one and wandering about by himself. So one night he was wanted for to go on a call and they couldn't find him anywhere. They looked high up and low down; and still they couldn't see a sight of him anywhere. So then the clerk suggested to try the chapel. So then they got the keys and opened the chapel, and the clerk and Father O'Rourke and another priest that was there brought in a light for to look for him … And what do you think but there he was, sitting up by himself in the dark in his confession-box, wide-awake and laughing-like softly to himself?"

She stopped suddenly as if to listen. I too listened; but there was no sound in the house: and I knew that the old priest was lying still in his coffin as we had seen him, solemn and truculent in death, an idle chalice on his breast.

Eliza resumed:

"Wide-awake and laughing-like to himself … So then, of course, when they saw that, that made them think that there was something gone wrong with him …"

der Junge sei dran schuld gewesen. Aber der arme James war ja so empfindlich, der Herr erbarme sich seiner!»

«Ach, das war es also?», sagte meine Tante. «Ich hörte etwas …»

Eliza nickte.

«Das hat seinen Geist angegriffen», sagte sie. «Von da an war er ganz trübselig, hat mit keinem mehr geredet und sich ganz zurückgezogen. Eines Nachts sollte er einen Hausbesuch machen, aber er war nicht zu finden. In jeder Ecke und Ritze haben sie nach ihm gesucht, und nirgends konnten sie ihn entdecken. Da hat dann der Küster vorgeschlagen, in der Kapelle nachzusehen. Und da haben sie die Schlüssel geholt und die Kapelle aufgeschlossen, und der Küster und Father O'Rourke und noch ein Priester, der gerade da war, nahmen eine Kerze und suchten nach ihm … Und was soll ich Ihnen sagen: Da saß er im Finstern ganz allein in seinem Beichtstuhl, hellwach, und hat leise so in sich hineingelacht.»

Sie brach unvermittelt ab, wie um zu lauschen. Auch ich lauschte, aber im ganzen Haus war nichts zu hören, und ich wusste, dass der alte Priester still in seinem Sarg lag, so wie wir ihn gesehen hatten, feierlich und trotzig im Tode, auf seiner Brust ein leerer Kelch.

Eliza fuhr fort:

«Hellwach saß er da und hat leise so in sich hineingelacht … Und wie sie das sahen, da sind sie natürlich auf den Gedanken gekommen, dass mit ihm irgendwas nicht mehr stimmte …»

AN ENCOUNTER

It was Joe Dillon who introduced the Wild
West to us. He had a little library made up
of old numbers of *The Union Jack, Pluck* and
The Halfpenny Marvel. Every evening after
school we met in his back garden and arranged
Indian battles. He and his fat young brother
Leo, the idler, held the loft of the stable while
we tried to carry it by storm; or we fought
a pitched battle on the grass. But, however
well we fought, we never won siege or battle
and all our bouts ended with Joe Dillon's war
dance of victory. His parents went to eight-
o'clock mass every morning in Gardiner
Street and the peaceful odour of Mrs Dillon
was prevalent in the hall of the house. But he
played too fiercely for us who were younger
and more timid. He looked like some kind of
an Indian when he capered round the garden,
an old tea-cosy on his head, beating a tin with
his fist and yelling:

"Ya! yaka, yaka, yaka!"

Everyone was incredulous when it was re-
ported that he had a vocation for the priesthood.
Nevertheless it was true.

A spirit of unruliness diffused itself among us
and, under its influence, differences of culture
and constitution were waived. We banded ourselves together, some boldly, some in jest and
some almost in fear: and of the number of these

EINE BEGEGNUNG

Es war Joe Dillon, der uns mit dem Wilden Westen bekannt machte. Er hatte eine kleine Bibliothek aus alten Heften von *The Union Jack*, *Pluck* und *The Halfpenny Marvel*. Jeden Abend nach der Schule trafen wir uns bei ihm hinten im Garten, um dort Indianerkämpfe auszutragen. Er und sein dicker jüngerer Bruder Leo, der Faulpelz, verschanzten sich auf dem Dachboden des Stalls, den wir anderen dann im Sturm zu nehmen versuchten; oder wir lieferten uns offene Schlachten auf dem Rasen. Doch wie wacker wir uns auch schlugen, wir gingen aus keiner Belagerung oder Schlacht als Sieger hervor, und alle unsere Scharmützel endeten mit Joe Dillons Siegestanz. Seine Eltern besuchten jeden Morgen die Acht-Uhr-Messe in die Gardiner Street, und Mrs Dillons dezenter Duft hing überall in der Diele des Hauses. Aber Joe ging beim Spielen mit uns, den Jüngeren und Furchtsameren, viel zu rau um. Er erinnerte tatsächlich an einen Indianer, wenn er mit einem alten Teewärmer auf dem Kopf durch den Garten tobte, mit der Faust auf einer Blechbüchse herumtrommelte und ein lautes *Ja! Jaka-jaka-jaka!* ertönen ließ.

Niemand wollte es glauben, als erzählt wurde, er fühle sich zum Priester berufen – doch es stimmte tatsächlich.

Aufsässigkeit breitete sich unter uns aus, die alle Unterschiede der Bildung oder des Temperaments außer Kraft setzte. Wir rotteten uns zusammen, manche verwegen, andere im Scherz oder gar aus Furcht; und zu dieser letzteren Gruppe der widerwilligen Indianer, die

latter, the reluctant Indians who were afraid to seem studious or lacking in robustness, I was one. The adventures related in the literature of the Wild West were remote from my nature but, at least, they opened doors of escape. I liked better some American detective stories which were traversed from time to time by unkempt fierce and beautiful girls. Though there was nothing wrong in these stories and though their intention was sometimes literary, they were circulated secretly at school. One day when Father Butler was hearing the four pages of Roman History, clumsy Leo Dillon was discovered with a copy of *The Halfpenny Marvel.*

"This page or this page? This page? Now, Dillon, up! *'Hardly had the day'* ... Go on! What day? *'Hardly had the day dawned'* ... Have you studied it? What have you there in your pocket?"

Everyone's heart palpitated as Leo Dillon handed up the paper and everyone assumed an innocent face. Father Butler turned over the pages, frowning.

"What is this rubbish?" he said. *"The Apache Chief!* Is this what you read instead of studying your Roman History? Let me not find any more of this wretched stuff in this college. The man who wrote it, I suppose, was some wretched fellow who writes these things for a drink. I'm surprised at boys like you, educated, reading such stuff. I could understand it if you were ... National School boys. Now, Dillon, I advise you strongly, get at your work or ..."

nicht als streberhaft oder schwächlich gelten wollten, zählte auch ich. Die Abenteuer, von denen in den Wildwestromanen erzählt wurde, waren meiner Natur eher fremd, aber zumindest öffneten sie einem Tore zur Flucht. Mir waren einige der amerikanischen Detektivgeschichten lieber, in denen ab und zu schöne, leidenschaftliche, wildgelockte Frauen auftauchten. Doch obwohl an den anderen Geschichten nichts auszusetzen war und sie zuweilen sogar literarische Ansprüche erhoben, kursierten sie in der Schule nur unter der Bank. Eines Tages, als Father Butler uns gerade vier Seiten römische Geschichte abfragte, wurde der schwerfällige Leo Dillon mit einer Nummer von *The Halfpenny Marvel* erwischt.

«Na, auf dieser oder auf der anderen Seite? Auf dieser? Na los, Dillon, wird's bald! *Kaum dass die Morgen-...* Weiter! Die Morgen-was? *Kaum dass die Morgendämmerung herauf ...* Hast du überhaupt gelernt? Was ist denn das da in deiner Tasche?»

Alle hatten wir Herzklopfen, als Leo Dillon das Heft herausgab, und jeder versuchte, so unschuldig wie möglich dreinzuschauen. Father Butler blätterte mit finsterem Blick.

«Was ist das für ein Schund?», fragte er. «*Der Häuptling der Apachen!* So was liest du also, anstatt deine römische Geschichte zu lernen! Ich will von diesem erbärmlichen Zeug nie wieder etwas in diesem College finden! Der Mann, der das geschrieben hat, ist wahrscheinlich ein verkommener Mensch, der so etwas für ein paar Gläser Bier schreibt. Aber dass gebildete Jungen wie ihr solchen Schund lesen – da muss ich mich schon sehr wundern. Etwas anderes wäre es, wenn ihr auf einer ... staatlichen Schule wärt. Also, Dillon, ich gebe dir den guten Rat: Setz dich auf die Hosen, sonst ...»

This rebuke during the sober hours of school paled much of the glory of the Wild West for me, and the confused puffy face of Leo Dillon awakened one of my consciences. But when the restraining influence of the school was at a distance I began to hunger again for wild sensations, for the escape which those chronicles of disorder alone seemed to offer me. The mimic warfare of the evening became at last as wearisome to me as the routine of school in the morning because I wanted real adventures to happen to myself. But real adventures, I reflected, do not happen to people who remain at home: they must be sought abroad.

The summer holidays were near at hand when I made up my mind to break out of the weariness of school life for one day at least. With Leo Dillon and a boy named Mahony I planned a day's miching. Each of us saved up sixpence. We were to meet at ten in the morning on the Canal Bridge. Mahony's big sister was to write an excuse for him and Leo Dillon was to tell his brother to say he was sick. We arranged to go along the Wharf Road until we came to the ships, then to cross in the ferryboat and walk out to see the Pigeon House. Leo Dillon was afraid we might meet Father Butler or someone out of the college; but Mahony asked, very sensibly, what would Father Butler be doing out at the Pigeon House. We were reassured, and I brought the first stage of the plot to an end by collecting sixpence from the

Durch diese Rüge während der nüchternen Schul-
stunden büßte der Wilde Westen für mich viel von
seinem Glanz ein, und Leo Dillons verwirrtes, paus-
bäckiges Gesicht weckte in mir das schlechte Gewissen.
Doch sobald die Schule mit ihrem zähmenden Einfluss
hinter mir lag, sehnte ich mich wieder nach aufregenden
Erlebnissen, nach Flucht, wie sie mir allein diese Schil-
derungen von Gesetzlosigkeit zu ermöglichen schienen.
Die Kriegsspiele am Abend begannen mich schließlich
ebenso zu langweilen wie der gleichförmige Unterricht
am Morgen, denn ich wollte endlich wirkliche Abenteuer bestehen. Doch wirkliche Abenteuer, überlegte ich,
erlebt man nicht, wenn man zuhause bleibt: Sie müssen
in der Fremde gesucht werden.

Die Sommerferien standen kurz bevor, als ich beschloss, wenigstens einen Tag lang aus dem eintönigen
Schulleben auszubrechen. Gemeinsam mit Leo Dillon
und einem Jungen namens Mahony plante ich, einen
Tag zu schwänzen. Jeder von uns hatte sich einen halben
Schilling zusammengespart. Um zehn Uhr morgens
wollten wir uns an der Canal Bridge treffen. Mahony
beauftragte seine große Schwester, ihm eine Entschuldigung zu schreiben, und Leo Dillon sollte durch seinen
Bruder ausrichten lassen, er sei krank. Wir vereinbarten,
die Wharf Road entlang bis zu den Schiffen zu gehen,
dort mit dem Fährboot überzusetzen und dann hinaus
zum Pigeon House zu wandern. Leo Dillon befürchtete,
wir könnten vielleicht Father Butler oder sonst jemandem aus dem College in die Arme laufen, doch Mahony
fragte sehr einleuchtend zurück, was Father Butler denn
wohl draußen am Pigeon House zu suchen hätte. Das
beruhigte uns, und zum Abschluss des ersten Teils unserer Verschwörung sammelte ich von den beiden anderen

other two, at the same time showing them my
own sixpence. When we were making the last
arrangements on the eve we were all vaguely
excited. We shook hands, laughing, and Mahony said:

"Till tomorrow, mates!"

That night I slept badly. In the morning
I was first-comer to the bridge, as I lived
nearest. I hid my books in the long grass
near the ashpit at the end of the garden
where nobody ever came, and hurried along
the canal bank. It was a mild sunny morning in the first week of June. I sat up on
the coping of the bridge, admiring my frail
canvas shoes which I had diligently pipeclayed overnight und watching the docile
horses pulling a tramload of business people
up the hill. All the branches of the tall trees
which lined the mall were gay with little
light green leaves, and the sunlight slanted
through them on to the water. The granite
stone of the bridge was beginning to be
warm, and I began to pat it with my hands
in time to an air in my head. I was very
happy.

When I had been sitting there for five or ten
minutes I saw Mahony's grey suit approaching.
He came up the hill, smiling, and clambered up
beside me on the bridge. While we were waiting
he brought out the catapult which bulged from
his inner pocket and explained some improve-
ments which he had made in it. I asked him why
he had brought it, and he told me he had brought

ihre Sixpence ein und zeigte ihnen gleichzeitig meine
eigenen. Als wir schließlich am Abend die letzten
Vorbereitungen trafen, waren wir von unbestimmter
Aufregung erfüllt. Lachend gaben wir uns die Hände,
und Mahony sagte:

«Also dann bis morgen, Leute!»

In dieser Nacht schlief ich unruhig. Morgens traf
ich als Erster an der Brücke ein, da ich am nächsten
wohnte. Meine Schulbücher hatte ich im hohen Gras
bei der Aschengrube ganz hinten im Garten versteckt,
wo nie jemand hinkam, dann war ich am Kanalufer
entlanggeeilt. Es war ein lauer, sonniger Morgen in
der ersten Juniwoche. Ich setzte mich auf das steinerne
Brückengeländer, betrachtete zufrieden meine leichten
Leinenschuhe, die ich am Abend zuvor sorgfältig mit
Pfeifenton geweißt hatte, und sah zu, wie eine mit
Geschäftsleuten voll besetzte Pferdebahn von einem
folgsamen Gespann die Anhöhe hinaufgezogen wurde.
Die Äste der hohen Bäume, die die Allee säumten,
waren mit hellgrünen Blättchen geschmückt, und die
Sonnenstrahlen fielen schräg hindurch auf das Wasser.
Die Granitsteine der Brücke erwärmten sich allmäh-
lich, und ich begann, den Takt einer Melodie, die mir
im Kopf herumging, mit den Handflächen darauf zu
klopfen. Ich war sehr glücklich.

Nachdem ich fünf oder zehn Minuten dort gesessen
hatte, sah ich Mahonys grauen Anzug herannahen. Er
kam grinsend den Hügel herauf und setzte sich neben
mich auf die Brüstung. Während wir warteten, zog er
aus seiner ausgebeulten Innentasche eine Steinschleuder
hervor und erklärte mir einige Verbesserungen, die er
daran vorgenommen hatte. Als ich wissen wollte, wozu
er die Schleuder dabeihabe, antwortete er, er wolle

it to have some gas with the birds. Mahony
used slang freely, and spoke of Father Butler
as Bunsen Burner. We waited on for a quarter
of an hour more, but still there was no sign of
Leo Dillon. Mahony, at last, jumped down and
said:

"Come along. I knew Fatty'd funk it."

"And his sixpence …?" I said.

"That's forfeit," said Mahony. "And so
much the better for us – a bob and a tanner
instead of a bob."

We walked along the North Strand Road
till we came to the Vitriol Works and then
turned to the right along the Wharf Road.
Mahony began to play the Indian as soon
as we were out of public sight. He chased a
crowd of ragged girls, brandishing his un-
loaded catapult and, when two ragged boys
began, out of chivalry, to fling stones at us,
he proposed that we should charge them.
I objected that the boys were too small, and
so we walked on, the ragged troop screaming
after us: *Swaddlers! Swaddlers!* thinking
that we were Protestants because Mahony,
who was dark-complexioned, wore the silver
badge of a cricket club in his cap. When we
came to the Smoothing Iron we arranged a
siege; but it was a failure because you must
have at least three. We revenged ourselves
on Leo Dillon by saying what a funk he was
and guessing how many he would get at three
o'clock from Mr Ryan.

We came then near the river. We spent

sich mit den Vögeln mal so richtig einen Jux machen. Mahony war mit salopper Sprache nicht zimperlich, und Father Butler hieß bei ihm Bunsenbrenner. Wir warteten eine weitere Viertelstunde, doch von Leo Dillon war noch immer nichts zu sehen. Schließlich sprang Mahony auf und sagte:

« Los, gehn wir! War klar, dass das Dickerchen kneift! »

« Und seine Sixpence ...? », fragte ich.

« Die sieht er jedenfalls nicht wieder! », beschloss Mahony. « Um so besser für uns – 'n Schilling und 'n Sixpence statt 'n Shilling. »

Wir gingen die North Strand Road entlang bis zu den Vitriolwerken und bogen dort nach rechts in die Wharf Road ein. Sobald uns niemand mehr sehen konnte, begann Mahony, den Indianer zu spielen. Er jagte, seine ungeladene Steinschleuder schwingend, hinter einem Haufen zerlumpter Mädchen her, und als aus Ritterlichkeit zwei abgerissene Jungen mit Steinen nach uns warfen, war er sofort bereit, zurückzuschlagen. Ich fand aber, dass die Jungen noch zu klein seien, und so setzten wir unseren Weg fort, während die zerlumpte Bande *Heidenpack! Heidenpack!* hinter uns herbrüllte. Sie hielten uns wohl für Protestanten, da Mahony, der einen dunklen Teint hatte, das silberne Abzeichen eines Kricketklubs auf seiner Mütze trug. Als wir am Smoothing Iron anlangten, spielten wir Belagerung, aber es war ein Fehlschlag, denn man muss dafür mindestens zu dritt sein. Wir rächten uns dafür an Leo Dillon, indem wir ihn einen Feigling schimpften und uns ausmalten, wie viele Hiebe Mr Ryan ihm wohl um drei Uhr verpassen würde.

Dann kamen wir in die Nähe des Flusses. Eine

a long time walking about the noisy streets
flanked by high stone walls, watching the
working of cranes and engines and often
being shouted at for our immobility by the
drivers of groaning carts. It was noon when
we reached the quays and, as all the labourers
seemed to be eating their lunches, we bought
two big currant buns and sat down to eat
them on some metal piping beside the river.
We pleased ourselves with the spectacle of
Dublin's commerce – the barges signalled
from far away by their curls of woolly smoke,
the brown fishing fleet beyond Ringsend,
the big white sailing vessel which was being
discharged on the opposite quay. Mahony said
it would be right skit to run away to sea on
one of those big ships and even I, looking at
the high masts, saw, or imagined, the geo-
graphy which had been scantily dosed to me
at school gradually taking substance under
my eyes. School and home seemed to recede
from us and their influences upon us seemed
to wane.

We crossed the Liffey in the ferryboat, paying our toll to be transported in the company
of two labourers and a little Jew with a bag.
We were serious to the point of solemnity, but
once during the short voyage our eyes met
and we laughed. When we landed we watched
the discharging of the graceful threemaster
which we had observed from the other quay.
Some bystander said that she was a Norwegian
vessel. I went to the stern and tried to decipher

ganze Weile liefen wir durch die lauten, von hohen Steinmauern eingefassten Straßen, verfolgten den Betrieb der Lastkräne und Motoren und wurden des öfteren von den Fahrern der ächzenden Wagen angebrüllt, weil wir im Weg standen. Es war zwölf Uhr, als wir die Kais erreichten, und da alle Arbeiter ringsherum Mittagspause zu machen schienen, kauften wir uns zwei dicke Rosinenbrötchen und setzten uns zum Essen auf ein paar Metallröhren am Flussufer. Wir ergötzten uns an dem Schauspiel des Dubliner Handels – den Schleppkähnen, die durch ihre gekräuselten, wolligen Rauchfahnen von weitem sichtbar waren, der bräunlichen Fischereiflotte, die vor Ringsend lag, dem stattlichen weißen Segelschiff, das gerade am gegenüberliegenden Kai entladen wurde. Mahony sagte, es wäre doch eine tolle Sache, auf einem dieser großen Schiffe durchzubrennen, und selbst ich fühlte, während ich die hoch aufragenden Masten betrachtete, wie die Geographie, die mir in der Schule in spärlichen Mengen verabreicht wurde, vor meinen Augen allmählich Gestalt annahm. Schule und Elternhaus schienen hinter uns zurückzubleiben, und ihr Einfluss begann zu schwinden.

Wir bestiegen die Fähre über die Liffey, bezahlten unser Fahrgeld und setzen in Gesellschaft zweier Arbeiter und eines kleinen Juden mit einer Tasche über. Uns war ernst, fast feierlich zumute, doch einmal während der kurzen Überfahrt trafen sich unsere Blicke, und wir mussten lachen. An Land beobachteten wir, wie die Ladung des stolzen Dreimasters, den wir schon von drüben aus gesehen hatten, gelöscht wurde. Einer der Umstehenden sagte, es sei ein norwegisches Schiff. Ich lief zum Heck und versuchte, die Aufschrift

the legend upon it but, failing to do so, I came
back and examined the foreign sailors to see
had any of them green eyes for I had some
confused notion. … The sailors' eyes were
blue, and grey, and even black. The only sailor
whose eyes could have been called green was
a tall man who amused the crowd on the quay
by calling out cheerfully every time the planks
fell:

"All right! All right!"

When we were tired of this sight we wandered slowly into Ringsend. The day had
grown sultry, and in the windows of the gro-
cers' shops musty biscuits lay bleaching. We
bought some biscuits and chocolate, which
we ate sedulously as we wandered through
the squalid streets where the families of the
fishermen live. We could find no dairy and so
we went into a huckster's shop and bought a
bottle of raspberry lemonade each. Refreshed
by this, Mahony chased a cat down a lane, but
the cat escaped into a wide field. We both felt
rather tired, and when we reached the field
we made at once for a sloping bank, over the
ridge of which we could see the Dodder.

It was too late and we were too tired to
carry out our project of visiting the Pigeon
House. We had to be home before four
o'clock, lest our adventure should be discovered. Mahony looked regretfully at his catapult, and I had to suggest going home by train
before he regained any cheerfulness. The sun
went in behind some clouds and left us to our

zu entziffern, doch als mir das nicht gelang, kam ich zurück und musterte die fremden Seeleute, ob welche von ihnen grüne Augen hätten, denn ich hatte da eine wirre Vorstellung ... Die Augen der Matrosen waren blau und grau und sogar schwarz. Der einzige Seemann, dessen Augen man vielleicht grün nennen konnte, war ein großgewachsener Mann, der die Menge am Kai erheiterte, indem er jedes Mal, wenn die Planken fielen, vergnügt ausrief:

«Jawoll! Jawoll!»

Als wir von diesem Schauspiel genug hatten, schlenderten wir langsam nach Ringsend hinein. Es war drückend heiß geworden, und in den Schaufenstern der Lebensmittelläden vertrockneten muffige Kekse. Wir kauften uns einige Kekse und etwas Schokolade, die wir nach und nach verzehrten, während wir durch die elenden Straßen wanderten, in denen die Fischer wohnen. Da wir keinen Milchhändler finden konnten, gingen wir in einen Kramladen und kauften für jeden eine Flasche Himbeerlimonade. So gestärkt, jagte Mahony eine Katze eine kleine Gasse hinunter, aber sie entwischte ihm in ein offenes Feld. Wir waren beide ziemlich müde, und so steuerten wir, sobald wir das Feld erreichten, auf einen Wall zu, von dessen Kamm aus wir den Dodder sehen konnten.

Es war zu spät und wir waren zu erschöpft, um unseren Plan, das Pigeon House zu besuchen, noch auszuführen. Spätestens um vier mussten wir zuhause sein, wenn unser Abenteuer unentdeckt bleiben sollte. Mahony betrachtete enttäuscht seine Steinschleuder, und seine Laune hellte sich erst auf, als ich vorschlug, auf dem Heimweg den Zug zu nehmen. Die Sonne verschwand hinter den Wolken und ließ uns mit unseren

jaded thoughts and the crumbs of our provisions.

There was nobody but ourselves in the field. When we had lain on the bank for some time without speaking I saw a man approaching from the far end of the field. I watched him lazily as I chewed one of those green stems on which girls tell fortunes. He came along by the bank slowly. He walked with one hand upon his hip and in the other hand he held a stick with which he tapped the turf lightly. He was shabbily dressed in a suit of greenish-black and wore what we used to call a jerry hat with a high crown. He seemed to be fairly old, for his moustache was ashen-grey. When he passed at our feet he glanced up at us quickly and then continued his way. We followed him with our eyes and saw that when he had gone on for perhaps fifty paces he turned about and began to retrace his steps. He walked towards us very slowly, always tapping the ground with his stick, so slowly that I thought he was looking for something in the grass.

He stopped when he came level with us and bade us good-day. We answered him, and he sat down beside us on the slope slowly and with great care. He began to talk of the weather, saying that it would be a very hot summer and adding that the seasons had changed greatly since he was a boy – a long time ago. He said that the happiest time of one's life was undoubtedly one's schoolboy days, and that he would give anything to be young again. While he expressed these sentiments, which bored us a little, we kept silent.

düsteren Gedanken und den Resten unserer Vorräte zurück.

Außer uns war niemand auf dem Feld. Nachdem wir eine Weile schweigend auf der Böschung gelegen hatten, sah ich einen Mann vom anderen Ende des Feldes herannahen. Ich beobachtete ihn träge und kaute dabei auf einem jener grünen Stängel, mit denen Mädchen die Zukunft voraussagen. Langsam kam er die Böschung entlang. Beim Gehen hatte er die eine Hand in die Hüfte gestemmt, und in der anderen hielt er einen Stock, mit dem er leicht auf den Boden klopfte. Er trug einen schäbigen grünlich-schwarzen Anzug und einen hohen steifen Hut von der Sorte, die wir «Dohle» nannten. Der Mann schien ziemlich alt, denn sein Schnurrbart war aschgrau. Als er zu unseren Füßen vorüberging, streifte er uns mit einem flüchtigen Blick und setzte dann seinen Weg fort. Wir folgten ihm mit den Augen und sahen, wie er nach etwa fünfzig Schritten kehrtmachte und denselben Weg wieder zurückging. Er kam sehr langsam auf uns zu und klopfte dabei fortwährend mit seinem Stock auf den Boden, so langsam, dass es aussah, als suche er etwas im Gras.

Als er auf unserer Höhe war, blieb er stehen und wünschte uns einen guten Tag. Wir erwiderten den Gruß, und er ließ sich langsam und bedächtig neben uns auf dem Abhang nieder. Er begann, vom Wetter zu reden, meinte, dass es wohl einen sehr heißen Sommer geben werde und fügte hinzu, wie sehr sich die Jahreszeiten geändert hätten, seit er ein Junge war – vor langer Zeit. Er erklärte, die glücklichste Zeit im Leben sei ohne Zweifel die Schulzeit, und er gäbe alles dafür, noch einmal jung zu sein. Während er diese Gedanken äußerte, schwiegen wir gelangweilt. Dann begann er,

Then he began to talk of school and of books. He asked us whether we had read the poetry of Thomas Moore or the works of Sir Walter Scott and Lord Lytton. I pretended that I had read every book he mentioned, so that in the end he said:

"Ah, I can see you are a bookworm like myself. Now," he added, pointing to Mahony who was regarding us with open eyes, "he is different; he goes in for games."

He said he had all Sir Walter Scott's works and all Lord Lytton's works at home and never tired of reading them. Of course, he said, there were some of Lord Lytton's works which boys couldn't read. Mahony asked why couldn't boys read them – a question which agitated and pained me because I was afraid the man would think I was as stupid as Mahony. The man, however, only smiled. I saw that he had great gaps in his mouth between his yellow teeth. Then he asked us which of us had the most sweethearts. Mahony mentioned lightly that he had three totties. The man asked me how many I had. I answered that I had none. He did not believe me and said he was sure I must have one. I was silent.

"Tell us," said Mahony pertly to the man, "how many have you yourself?"

The man smiled as before and said that when he was our age he had lots of sweethearts.

"Every boy," he said, "has a little sweetheart."

His attitude on this point struck me as strangely liberal in a man of his age. In my heart I thought that what he said about boys and sweethearts was reasonable. But I disliked the words in his mouth,

über die Schule und über Bücher zu sprechen. Er wollte
wissen, ob wir die Gedichte von Thomas Moore und die
Werke von Sir Walter Scott und Lord Lytton gelesen
hätten. Ich tat so, als kennte ich jedes einzelne Buch, das
er erwähnte, sodass er schließlich sagte:

«Na, ich sehe, du bist genau so eine Leseratte wie ich.
Aber der da», und er deutete auf Mahony, der uns mit
weit offenen Augen anstarrte, «der ist anders. Der ist
wohl eher ein Draufgänger.»

Er erzählte, er habe sämtliche Werke von Sir Walter
Scott und Lord Lytton zu Hause und werde nie müde,
darin zu lesen. Allerdings, sagte er, gebe es einiges von
Lord Lytton, was nichts für kleine Jungen sei. Mahony
fragte, warum das denn nichts für kleine Jungen sei;
eine Frage, die mich peinlich beunruhigte, denn ich
fürchtete, der Mann könnte mich für genauso dumm
halten wie Mahony. Aber der Mann lächelte nur. Ich
sah, dass in seinem Mund große Lücken zwischen
seinen gelben Zähnen klafften. Dann fragte er uns aus,
wer von uns denn die meisten Liebchen habe. Mahony
behauptete leichthin, er habe drei Bräute. Der Mann
wollte wissen, wie viele ich hätte. Keine, erwiderte ich.
Das wollte er mir nicht glauben und sagte, eine hätte ich
doch bestimmt. Ich schwieg.

«Sagen Sie mal», fragte Mahony den Mann keck,
«wie viele haben Sie denn?»

Der Mann lächelte noch immer und sagte, in unserem
Alter habe er jede Menge Liebchen gehabt.

«Jeder Junge», sagte er, «hat doch ein Liebchen.»

Seine Ansichten in dieser Frage kamen mir für einen
Mann seines Alters sonderbar freizügig vor. Im Stillen
stimmte ich dem zu, was er über Jungen und Liebchen
sagte. Doch aus seinem Mund waren mir die Worte zu-

and I wondered why he shivered once or twice as if he feared something or felt a sudden chill. As he proceeded I noticed that his accent was good. He began to speak to us about girls, saying what nice soft hair they had and how soft their hands were and how all girls were not so good as they seemed to be if one only knew. There was nothing he liked, he said, so much as looking at a nice young girl, at her nice white hands and her beautiful soft hair. He gave me the impression that he was repeating something which he had learned by heart or that, magnetized by some words of his own speech, his mind was slowly circling round and round in the same orbit. At times he spoke as if he were simply alluding to some fact that everybody knew, and at times he lowered his voice and spoke mysteriously, as if he were telling us something secret which he did not wish others to overhear. He repeated his phrases over and over again, varying them and surrounding them with his monotonous voice. I continued to gaze towards the foot of the slope, listening to him.

After a long while his monologue paused. He stood up slowly, saying that he had to leave us for a minute or so, a few minutes, and, without changing the direction of my gaze, I saw him walking slowly away from us towards the near end of the field. We remained silent when he had gone. After a silence of a few minutes I heard Mahony exclaim:

"I say! Look what he's doing!"

As I neither answered nor raised my eyes, Mahony exclaimed again:

"I say ... He's a queer old josser!"

wider, und ich bemerkte verwundert, wie er ein paarmal zitterte, als ob er vor etwas Angst hätte oder es ihn plötzlich fröstelte. Als er fortfuhr, fiel mir seine feine Aussprache auf. Er fing an, über Mädchen zu sprechen; er sagte, dass sie so schönes, weiches Haar und so zarte Hände hätten, dass sie aber allesamt nicht so brav seien wie sie täten – wenn man sie erst mal kennengelernt habe. Es gebe für ihn nichts Schöneres, als ein hübsches junges Mädchen anzuschauen, ein Mädchen mit weißen Händen und schönem, weichem Haar. Es klang so, als ob er etwas wiederholte, das er auswendig gelernt hatte, und als ob seine Gedanken, von den Worten seiner eigenen Rede gebannt, langsam und immer wieder um denselben Anziehungspunkt kreisten. Zuweilen redete er so, als beziehe er sich bloß auf eine allgemein bekannte Tatsache, dann wieder senkte er seine Stimme und flüsterte, als ob er uns ein Geheimnis anvertrauen wolle, das niemand anderes erfahren dürfe. Er wiederholte seine Sätze immer und immer wieder, wandelte sie ab und kleidete sie in seine monotone Stimme. Ich starrte weiterhin zum Fuße des Abhangs hinunter, während ich ihm zuhörte.

Nach geraumer Zeit hielt er in seinem Monolog inne. Er erhob sich langsam und sagte, er müsse uns nun kurz, für ein paar Minuten allein lassen, und ohne meinen starren Blick zu wenden, sah ich ihn langsam zum nahe gelegenen Rand des Feldes gehen. Nachdem er fortgegangen war, blieben wir stumm. Nach einigen Minuten des Schweigens hörte ich Mahony rufen:

«He! Schau doch mal, was der da macht!»

Als ich weder antwortete noch meinen Blick hob, rief Mahony noch einmal:

«He! … So ein komischer alter Knacker!»

"In case he asks us for our names," I said, "let you be Murphy and I'll be Smith."

We said nothing further to each other. I was still considering whether I would go away or not when the man came back and sat down beside us again. Hardly had he sat down when Mahony, catching sight of the cat which had escaped him, sprang up and pursued her across the field. The man and I watched the chase. The cat escaped once more and Mahony began to throw stones at the wall she had escaladed. Desisting from this, he began to wander about the far end of the field, aimlessly.

After an interval the man spoke to me. He said that my friend was a very rough boy, and asked did he get whipped often at school. I was going to reply indignantly that we were not National School boys to be whipped, as he called it; but I remained silent. He began to speak on the subject of chastising boys. His mind, as if magnetized again by his speech, seemed to circle slowly round and round its new centre. He said that when boys were that kind they ought to be whipped and well whipped. When a boy was rough and unruly there was nothing would do him any good but a good sound whipping. A slap on the hand or a box on the ear was no good: what he wanted was to get a nice warm whipping. I was surprised at this sentiment and involuntarily glanced up at his face. As I did so I met the gaze of a pair of bottle-green eyes

«Wenn er unsere Namen wissen will, sagte ich, behaupten wir einfach, du heißt Murphy und ich heiße Smith.»

Wir verstummten. Ich grübelte immer noch, ob ich bleiben oder lieber verschwinden sollte, als der Mann zurückkam und sich wieder neben uns niederließ. Doch kaum hatte er sich gesetzt, sprang Mahony, der die zuvor entwischte Katze erspäht hatte, auf und scheuchte sie quer über das Feld. Der Mann und ich beobachteten die Jagd. Die Katze entkam ein zweites Mal, und Mahony fing an, die Mauer, über die sie sich davongemacht hatte, mit Steinen zu bewerfen. Schließlich ließ er davon ab und schlenderte ziellos am anderen Ende des Feldes umher.

Nach einer Pause sprach der Mann mich an. Er nannte meinen Freund einen ziemlichen Rabauken und fragte, ob er in der Schule oft den Stock bekomme. Ich wollte entrüstet entgegnen, dass wir schließlich nicht auf eine staatliche Schule gingen, wo man den Stock bekommt, wie er das nannte, doch ich schwieg. Er begann, sich über die Züchtigung von Jungen auszulassen. Seine Gedanken schienen nun, wiederum von seiner Rede wie magnetisch angezogen, langsam um diesen neuen Mittelpunkt zu kreisen. Er fand, dass Jungen dieser Art den Stock bekommen sollten, und zwar gründlich. Bei einem Jungen, der rüpelhaft und ungezogen sei, helfe nur eine gute, saftige Tracht Prügel. Ein Klaps auf die Finger oder eine Ohrfeige würden da nichts ausrichten: So einer müsse einfach richtig gut durchgeprügelt werden. Erstaunt über derartige Ansichten blinzelte ich unwillkürlich nach oben in sein Gesicht. Dabei traf mich ein stechender Blick aus einem Paar flaschengrüner Augen, die mich unter

peering at me from under a twitching forehead.
I turned my eyes away again.

The man continued his monologue. He seemed
to have forgotten his recent liberalism. He said
that if ever he found a boy talking to girls or
having a girl for a sweetheart he would whip
him and whip him; and that would teach him
not to be talking to girls. And if a boy had a girl
for a sweetheart and told lies about it, then he
would give him such a whipping as no boy ever
got in this world. He said that there was nothing
in this world he would like so well as that. He
described to me how he would whip such a boy,
as if he were unfolding some elaborate mystery.
He would love that, he said, better than anything
in this world; and his voice, as he led me mono-
tonously through the mystery, grew almost
affectionate and seemed to plead with me that I
should understand him.

I waited till his monologue paused again.
Then I stood up abruptly. Lest I should betray
my agitation I delayed a few moments, preten-
ding to fix my shoe properly, and then, saying
that I was obliged to go, I bade him good-day.
I went up the slope calmly but my heart was
beating quickly with fear that he would seize
me by the ankles. When I reached the top of the
slope I turned round and, without looking at
him, called loudly across the field:

"Murphy!"

My voice had an accent of forced bravery in
it, and I was ashamed of my paltry stratagem. I
had to call the name again before Mahony saw

einer zuckenden Stirn hervor anstarrten. Ich wandte meinen Blick wieder ab.

Der Mann fuhr in seinem Monolog fort. Er schien seine eben noch so freizügige Einstellung vergessen zu haben. Sollte er jemals einen Jungen erwischen, der mit Mädchen redete oder ein Liebchen habe, sagte er, würde er ihn windelweich prügeln; das wäre ihm dann eine Lehre, nicht mehr mit Mädchen zu reden. Und wenn ein Junge ein Liebchen habe und Lügen darüber erzähle, würde er ihm eine solche Tracht Prügel verabreichen, wie sie noch kein Junge auf dieser Welt bekommen habe – nichts auf dieser Welt würde er lieber tun als das. Er malte mir aus, wie er einen solchen Jungen durchprügeln wolle, so als ob er ein schwer zu ergründendes Mysterium vor mir offenlegte. Das würde ihm gefallen, sagte er, mehr als alles andere auf dieser Welt; und während er mich in dieses Mysterium einweihte, klang seine Stimme beinahe zärtlich, wie eine flehentliche Bitte, ihn doch zu verstehen.

Ich wartete, bis er sein Selbstgespräch wieder unterbrach. Dann stand ich mit einem Ruck auf. Um nicht zu zeigen, wie aufgeregt ich war, hielt ich noch einen Augenblick inne und tat so, als bände ich meinen Schuh fester; dann erklärte ich, ich müsse nun leider aufbrechen, und verabschiedete mich. Äußerlich ruhig, stieg ich die Böschung hinauf, doch mein Herz klopfte wild vor Angst, der Mann könnte mich an den Fußgelenken packen. Oben angekommen, drehte ich mich um, und ohne nach ihm zu schauen, schrie ich über das Feld:

«Murphy!»

In meiner Stimme war ein Ton gespielter Tapferkeit, und ich schämte mich meiner schäbigen List. Ich musste ein zweites Mal rufen, bevor Mahony mich entdeckte

53

me and hallooed in answer. How my heart beat as he came running across the field to me! He ran as if to bring me aid. And I was penitent; for in my heart I had always despised him a little.

und mir Antwort gab. Wie mein Herz klopfte, als er über das Feld auf mich zu rannte! Er rannte, als wolle er mir zu Hilfe eilen. Und ich fühlte Reue, denn in meinem Herzen hatte ich ihn immer ein wenig verachtet.

EVELINE

She sat at the window watching the evening invade the avenue. Her head was leaned against the window curtains, and in her nostrils was the odour of dusty cretonne. She was tired.

Few people passed. The man out of the last house passed on his way home; she heard his footsteps clacking along the concrete pavement and afterwards crunching on the cinder path before the new red houses. One time there used to be a field there in which they used to play every evening with other people's children. Then a man from Belfast bought the field and built houses in it – not like their little brown houses, but bright brick houses with shining roofs. The children of the avenue used to play together in that field – the Devines, the Waters, the Dunns, little Keogh the cripple, she and her brothers and sisters. Ernest, however, never played: he was too grown up. Her father used often to hunt them in out of the field with his blackthorn stick; but usually little Keogh used to keep *nix* and call out when he saw her father coming. Still they seemed to have been rather happy then. Her father was not so bad then; and besides, her mother was alive. That was a long time ago; she and her brothers and sisters were all grown up; her mother was dead. Tizzie Dunn was dead, too, and the Waters had gone back to England. Everything changes. Now she was

EVELINE

Sie saß am Fenster und sah zu, wie der Abend die Straße heraufkroch. Sie hatte ihren Kopf gegen die Vorhänge gelehnt, und in ihre Nase stieg der Geruch von staubigem Cretonne. Sie war müde.

Wenige Menschen gingen vorüber. Der Mann aus dem letzten Haus kam auf seinem Heimweg vorbei, und sie hörte, wie seine Schritte zuerst auf dem Betonpflaster hallten und danach auf dem Kiesweg vor den neuen roten Häusern knirschten. Früher war dort mal ein Feld gewesen, auf dem sie jeden Abend mit den Kindern der anderen Leute gespielt hatten. Dann hatte ein Mann aus Belfast das Feld gekauft und Häuser darauf bauen lassen – nicht solche wie ihre eigenen kleinen braunen Häuser, sondern Häuser aus leuchtendem Backstein mit glänzenden Dächern. Die Kinder aus der Straße hatten immer auf diesem Feld gespielt – die Devines, die Waters, die Dunns, der kleine Keogh, der Krüppel, und sie selbst mit ihren Geschwistern. Außer Ernest, der nie mitgespielt hatte. Er war schon zu groß. Ihr Vater hatte sie oft mit seinem Schlehdornstock aus dem Feld nachhause gejagt, aber der kleine Keogh stand gewöhnlich Schmiere und warnte, wenn er ihren Vater kommen sah. Trotzdem schienen sie damals recht glücklich gewesen zu sein. Mit dem Vater war es noch nicht so schlimm, außerdem lebte die Mutter noch. All das war lange her; ihre Geschwister und sie selbst waren erwachsen, und die Mutter war tot. Auch Tizzie Dunn war tot, und die Waters waren nach England zurückgegangen. Nichts war mehr so

going to go away like the others, to leave her home.

Home! She looked round the room, reviewing all its familiar objects which she had dusted once a week for so many years, wondering where on earth all the dust came from. Perhaps she would never see again those familiar objects from which she had never dreamed of being divided. And yet during all those years she had never found out the name of the priest whose yellowing photograph hung on the wall above the broken harmonium beside the coloured print of the promises made to Blessed Margaret Mary Alacoque. He had been a school friend of her father. Whenever he showed the photograph to a visitor her father used to pass it with a casual word:

"He is in Melbourne now."

She had consented to go away, to leave her home. Was that wise? She tried to weigh each side of the question. In her home anyway she had shelter and food; she had those whom she had known all her life about her. Of course she had to work hard, both in the house and at business. What would they say of her in the Stores when they found out that she had run away with a fellow? Say she was a fool, perhaps; and her place would be filled up by advertisement. Miss Gavan would be glad. She had always had an edge on her, especially whenever there were people listening.

"Miss Hill, don't you see these ladies are waiting?"

wie früher. Und nun würde auch sie fortgehen wie alle anderen und ihr Zuhause verlassen.

Ihr Zuhause! Sie schaute im Zimmer umher und ließ ihren Blick noch einmal über die vertrauten Gegenstände wandern, die sie jahrelang jede Woche abgestaubt hatte, immer erstaunt, wo in aller Welt solche Mengen Staub herkamen. Vielleicht würde sie diese liebgewordenen Dinge, die zu verlassen ihr nie zuvor eingefallen wäre, nun nie mehr wiedersehen. Und doch hatte sie nie den Namen des Priesters herausfinden können, dessen vergilbte Fotografie über dem ausgedienten Harmonium an der Wand hing, gleich neben dem farbigen Druck mit den Verheißungen an die Selige Margareta Maria Alacoque. Er war ein Schulkamerad ihres Vaters gewesen, der jedes Mal, wenn er die Fotografie einem Besucher zeigte, beiläufig bemerkte:

«Der ist jetzt in Melbourne.»

Sie hatte eingewilligt, fortzugehen und ihr Elternhaus zu verlassen. Ob das klug gewesen war? Sie versuchte, das Für und Wider der Entscheidung abzuwägen. Zuhause hatte sie immerhin zu essen und ein Dach über dem Kopf; und alle, die sie von jeher gekannt hatte, waren um sie herum. Natürlich musste sie hart arbeiten, im Haushalt und auch im Geschäft. Was man wohl im Warenhaus über sie reden würde, wenn es sich herumsprach, sie sei mit einem jungen Kerl auf und davon? Vielleicht, dass sie verrückt war; und ihre Stelle würde durch eine Anzeige bald wieder besetzt werden. Miss Gavan wäre erleichtert. Ständig hatte sie etwas an ihr auszusetzen gehabt, besonders, wenn sich Kunden in Hörweite befanden.

«Miss Hill! Sehen Sie nicht, dass die Damen dort warten?»

"Look lively, Miss Hill, please."

She would not cry many tears at leaving the Stores.

But in her new home, in a distant unknown country, it would not be like that. Then she would be married – she, Eveline. People would treat her with respect then. She would not be treated as her mother had been. Even now, though she was over nineteen, she sometimes felt herself in danger of her father's violence. She knew it was that that had given her the palpitations. When they were growing up he had never gone for her, like he used to go for Harry and Ernest, because she was a girl; but latterly he had begun to threaten her and say what he would do to her only for her dead mother's sake. And now she had nobody to protect her. Ernest was dead and Harry, who was in the church decorating business, was nearly always down somewhere in the country. Besides, the invariable squabble for money on Saturday nights had begun to weary her unspeakably. She always gave her entire wages – seven shillings – and Harry always sent up what he could, but the trouble was to get any money from her father. He said she used to squander the money, that she had no head, that he wasn't going to give her his hard-earned money to throw about the streets, and much more, for he was usually fairly bad on Saturday night. In the end he would give her the money and ask her had she any intention of buying Sunday's dinner. Then she had to rush out as quickly as she could and do her mar-

«Etwas mehr Bewegung, Miss Hill, bitte!»

Dem Warenhaus würde sie, wenn sie ginge, keine Träne nachweinen.

Aber in ihrer zukünftigen Heimat, diesem fernen, unbekannten Land, würde alles anders sein. Dort wäre sie eine verheiratete Frau – sie, Eveline. Man würde sie mit Achtung behandeln. Nicht so, wie man mit ihrer Mutter umgegangen war. Sogar jetzt, obwohl sie gut neunzehn war, fühlte sie sich manchmal von den Wutausbrüchen ihres Vaters bedroht. Sie wusste, dass auch ihr Herzklopfen daher kam. Solange sie Kinder waren, war er nie auf sie losgegangen, wie er auf Harry oder Ernest losging – sie war ja ein Mädchen. In letzter Zeit jedoch fing er an, ihr zu drohen und ihr vorzuhalten, was er alles mit ihr anstellen würde, wenn er's nicht ihrer toten Mutter zuliebe sein ließe. Und nun war niemand mehr da, um sie zu beschützen. Ernest war tot, und Harry, der als Kirchenausstatter arbeitete, war fast immer irgendwo auf dem Land unterwegs. Zudem begannen sie die ständigen Geld-streitereien am Samstagabend unsagbar zu zermürben. Immer gab sie ihren gesamten Lohn ab – sieben Schilling –, und auch Harry schickte nach Hause, was er entbehren konnte, aber irgendwelches Geld von ihrem Vater zu bekommen, war sehr schwierig. Er hielt ihr vor, wie gedankenlos sie damit um sich werfe, und dass er nicht daran denke, ihr sein sauer ver-dientes Geld zu geben, nur damit sie es auf der Straße verschleudern könne, und vieles mehr, denn am Samstagabend war er meistens besonders schlimm. Am Ende gab er ihr das Geld dann doch und fragte, ob sie denn nicht für das Sonntagsessen einkaufen wolle. Dann musste sie Hals über Kopf loshasten, um ihre

keting, holding her black leather purse tightly in her hand as she elbowed her way through the crowds and returning home late under her load of provisions. She had hard work to keep the house together and to see that the two young children who had been left to her charge went to school regularly and got their meals regularly. It was hard work – a hard life – but now that she was about to leave it she did not find it a wholly undesirable life.

She was about to explore another life with Frank. Frank was very kind, manly, open-hearted. She was to go away with him by the night-boat to be his wife and to live with him in Buenos Ayres, where he had a home waiting for her. How well she remembered the first time she had seen him; he was lodging in a house on the main road where she used to visit. It seemed a few weeks ago. He was standing at the gate, his peaked cap pushed back on his head and his hair tumbled forward over a face of bronze. Then they had come to know each other. He used to meet her outside the Stores every evening and see her home. He took her to see *The Bohemian Girl* and she felt elated as she sat in an unac-customed part of the theatre with him. He was awfully fond of music and sang a little. People knew that they were courting and, when he sang about the lass that loves a sailor, she always felt pleasantly confused. He used to call her Poppens out of fun. First of all it had been an excitement for her to have a fellow and then she had begun to like him. He had tales of distant countries. He

Einkäufe zu erledigen, und, die schwarze Lederbörse fest in einer Hand, bahnte sie sich ihren Weg durch die Menge und kam erst spät, schwer bepackt mit Vorräten, nach Hause. Sie hatte alle Hände voll zu tun, den Haushalt zusammenzuhalten und dafür zu sorgen, dass die beiden jüngsten Kinder, die ihr anvertraut waren, regelmäßig zur Schule gingen und ihre Mahlzeiten bekamen. Es war harte Arbeit – ein hartes Leben –, doch jetzt, wo sie es aufgeben sollte, schien es ihr keineswegs so unerträglich.

Mit Frank würde sie ein neues Leben kennenlernen. Frank war sehr gut, männlich, aufrichtig. Sie würde mit ihm fortgehen, das Nachtschiff nehmen, seine Frau werden und mit ihm in Buenos Aires leben, wo er ein Haus hatte, das dort auf sie wartete. Sie erinnerte sich noch genau, wie sie ihm zum ersten Mal begegnet war; in einem Haus in der Hauptstraße, wo sie oft zu Besuch war, hatte er zur Untermiete gewohnt. Es schien erst wenige Wochen her zu sein. Er hatte am Tor gestanden, die Schirmmütze in den Nacken geschoben, so dass ihm das Haar nach vorn in sein bronzefarbenes Gesicht fiel. Bald hatten sie sich näher kennengelernt. Jeden Abend holte er sie vom Geschäft ab und begleitete sie nachhause. Er war mit ihr in *Die Zigeunerin* gegangen, wo sie selig in einem ungewohnten Teil des Theaters neben ihm saß. Er liebte Musik über alles und sang auch selbst ein wenig. Die Leute wussten, dass sie miteinander gingen, und wenn er von der Maid, die den Matrosen liebte, sang, fühlte sie sich stets wunderbar verwirrt. Aus Spaß nannte er sie immer Poppens. Zuerst hatte sie es nur aufregend gefunden, einen Verehrer zu haben, aber dann hatte sie angefangen, ihn zu mögen. Er wusste Geschichten aus fernen Ländern. Auf einem Schiff der

had started as a deck boy at a pound a month on a ship of the Allan Line going out to Canada. He told her the names of the ships he had been on and the names of the different services. He had sailed through the Straits of Magellan and he told her stories of the terrible Patagonians. He had fallen on his feet in Buenos Ayres, he said, and had come over to the old country just for a holiday. Of course, her father had found out the affair and had forbidden her to have anything to say to him.

"I know these sailor chaps," he said.

One day he had quarrelled with Frank, and after that she had to meet her lover secretly.

The evening deepened in the avenue. The white of two letters in her lap grew indistinct. One was to Harry; the other was to her father. Ernest had been her favourite, but she liked Harry too. Her father was becoming old lately, she noticed; he would miss her. Sometimes he could be very nice. Not long before, when she had been laid up for a day, he had read her out a ghost story and made toast for her at the fire. Another day, when their mother was alive, they had all gone for a picnic to the Hill of Howth. She remembered her father putting on her mother's bonnet to make the children laugh.

Her time was running out but she continued to sit by the window, leaning her head against the window curtain, inhaling

Allan-Linie, das nach Kanada unterwegs war, hatte er
als Schiffsjunge für ein Pfund im Monat angefangen. Er
zählte ihr die Namen aller Schiffe her, auf denen er
gewesen war, und auch die Namen der verschiedenen
Reedereien. Er war durch die Magellan-Straße gefahren nd konnte ihr Geschichten von den schrecklichen
Patagoniern erzählen. In Buenos Aires war er auf die
Füße gefallen, wie er sagte, und er war nur auf Urlaub
hier in seiner alten Heimat. Natürlich war ihr Vater
bald hinter die ganze Geschichte gekommen und hatte
ihr den Umgang mit ihm verboten.

«Ich kenn doch diese Matrosenkerle!», hatte er
gesagt.

Eines Tages war er mit Frank aneinandergeraten,
und von da an konnte sie ihren Geliebten nur noch
heimlich treffen.

Der Abend senkte sich tiefer auf die Straße herab.
Das Weiß der beiden Briefe in ihrem Schoß ver-
schwamm mehr und mehr. Der eine war an Harry; der
andere an ihren Vater. Ernest war ihr Lieblingsbruder
gewesen, doch sie mochte auch Harry gern. Ihr wurde
bewusst, wie alt ihr Vater in letzter Zeit geworden
war; sie würde ihm fehlen. Manchmal konnte er sehr
liebevoll sein. Vor nicht allzu langer Zeit, als sie einmal
für einen Tag das Bett hüten musste, hatte er ihr eine
Gruselgeschichte vorgelesen und am Kamin Toast für
sie gemacht. Ein anderes Mal, als die Mutter noch lebte,
waren sie alle miteinander ausgezogen, um auf dem
Hügel bei Howth ein Picknick zu machen. Sie erinnerte sich, wie ihr Vater sich Mutters Häubchen aufgesetzt
hatte, um die Kinder zum Lachen zu bringen.

Die Zeit begann allmählich zu drängen, doch sie
blieb am Fenster sitzen, den Kopf an den Vorhang ge-

the odour of dusty cretonne. Down far in the avenue she could hear a street organ playing. She knew the air. Strange that it should come that very night to remind her of the promise to her mother, her promise to keep the home together as long as she could. She remembered the last night of her mother's illness; she was again in the close, dark room at the other side of the hall and outside she heard a melancholy air of Italy. The organ-player had been ordered to go away and given sixpence. She remembered her father strutting back into the sick-room saying:

"Damned Italians! coming over here!"

As she mused the pitiful vision of her mother's life laid its spell on the very quick of her being – that life of commonplace sacrifices closing in final craziness. She trembled as she heard again her mother's voice saying constantly with foolish insistence:

"Derevaun Seraun! Derevaun Seraun!"

She stood up in a sudden impulse of terror. Escape! She must escape! Frank would save her. He would give her life, perhaps love, too. But she wanted to live. Why should she be unhappy? She had a right to happiness. Frank would take her in his arms, fold her in his arms. He would save her.

She stood among the swaying crowd in the station at the North Wall. He held her hand

lehnt, und atmete den Geruch des staubigen Cretonne. Unten auf der Straße hörte sie irgendwo eine Drehorgel spielen. Sie kannte die Melodie. Seltsam, dass dieses Stück gerade jetzt gespielt wurde, wie um sie an ihr Versprechen zu gemahnen, das sie ihrer Mutter gegeben hatte, nämlich die Familie so lange wie möglich zusammenzuhalten. Die letzte Nacht der kranken Mutter kam ihr ins Gedächtnis; wieder war sie in dem engen, düsteren Zimmer am anderen Ende der Diele, und von draußen drang jene schwermütige italienische Weise herein. Sie hatten dem Drehorgelmann ein Sixpencestück gegeben und ihn aufgefordert, zu verschwinden. Sie erinnerte sich, wie ihr Vater in das Krankenzimmer zurückgepoltert war und gewettert hatte:

«Verdammte Italiener! Hier herüberzukommen!»

Dieses armselige Leben ihrer Mutter, über das sie nachsann, legte sich wie ein Fluch über ihr eigenes Dasein – dieses Leben voll alltäglicher Aufopferungen hatte schließlich im Wahnsinn sein Ende gefunden. Sie zitterte, als sie die Stimme ihrer Mutter zu hören glaubte, die immer und immer wieder in törichtem Starrsinn wiederholte:

«Derevaun Seraun! Derevaun Seraun!»

Sie sprang auf, von panischer Angst ergriffen. Fliehen! Sie musste fliehen! Frank würde sie befreien. Er würde ihr Leben geben, vielleicht auch Liebe. Und leben wollte sie. Warum sollte sie unglücklich sein? Sie hatte doch ein Recht darauf, Glück zu finden. Frank würde sie in die Arme nehmen, sie fest in seine Arme schließen. Er würde sie befreien.

Sie stand in der wogenden Menschenmenge im Passagiergebäude an der North Wall. Frank hielt ihre Hand, und

and she knew that he was speaking to her, saying something about the passage over and over again. The station was full of soldiers with brown baggages. Through the wide doors of the sheds she caught a glimpse of the black mass of the boat, lying in beside the quay wall, with illumined portholes. She answered nothing. She felt her cheek pale and cold and, out of a maze of distress, she prayed to God to direct her, to show her what was her duty. The boat blew a long mournful whistle into the mist. If she went, tomorrow she would be on the sea with Frank, steaming towards Buenos Ayres. Their passage had been booked. Could she still draw back after all he had done for her? Her distress awoke a nausea in her body and she kept moving her lips in silent fervent prayer.

A bell clanged upon her heart. She felt him seize her hand:

"Come!"

All the seas of the world tumbled about her heart. He was drawing her into them: he would drown her. She gripped with both hands at the iron railing.

"Come!"

No! No! No! It was impossible. Her hands clutched the iron in frenzy. Amid the seas she sent a cry of anguish.

"Eveline! Evvy!"

He rushed beyond the barrier and called to her to follow. He was shouted at to go on, but he still called to her. She set her white face to

sie wusste, dass er auf sie einredete, dass er irgendetwas
von der Überfahrt ständig wiederholte. Das Gebäude war
voller Soldaten mit braunen Kleidersäcken. Durch die
offenstehenden Tore der Halle konnte sie einen Blick
auf die schwarze Masse des Schiffes werfen, das mit
erleuchteten Bullaugen an der Kaimauer vertäut lag.
Sie antwortete nicht. Sie fühlte, wie kalt und bleich ihre
Wangen waren, und aus einer wirren Verzweiflung
heraus betete sie zu Gott, er möge ihr den Weg weisen
und ihr bedeuten, was ihre Pflicht sei. Die Schiffssirene
stieß einen langgezogenen klagenden Ton in den Nebel.
Wenn sie mitging, würde sie schon morgen mit Frank
auf hoher See sein und mit Kurs auf Buenos Aires
dahindampfen. Die Überfahrt war gebucht. Konnte sie
jetzt noch zurück, nach allem, was er für sie getan hatte?
Ihre Verzweiflung verursachte ihr Übelkeit, und ihre
Lippen bewegten sich unablässig in einem stummen
inbrünstigen Gebet.

Eine Glocke schlug an ihr Herz. Sie fühlte, wie er
ihre Hand packte:

«Komm!»

Alle Meere der Welt brandeten über ihrem Herzen
zusammen. Und er zog sie mitten hinein, und sie würde ertrinken. Mit beiden Händen umklammerte sie das
eiserne Geländer.

«Komm!»

Nein, nein, nein! Es war unmöglich. Verzweifelt
krallten sich ihre Hände um die Stäbe. Inmitten der
Meere stieß sie einen Schrei der Qual hervor!

«Eveline! Evvy!»

Er ging rasch durch die Sperre und rief, sie solle
mitkommen. Er wurde angebrüllt, weiterzugehen,
doch er hörte nicht auf, nach ihr zu rufen. Sie wandte

him, passive, like a helpless animal. Her eyes
gave him no sign of love or farewell or recog-
nition.

ihm ihr bleiches Gesicht zu, starr, wie ein hilfloses Tier. Ihre Augen gaben ihm kein Zeichen der Liebe, des Lebewohls oder des Erkennens.

THE BOARDING HOUSE

Mrs Mooney was a butcher's daughter. She was a woman who was quite able to keep things to herself: a determined woman. She had married her father's foreman and opened a butcher's shop near Spring Gardens. But as soon as his father-in-law was dead Mr Mooney began to go to the devil. He drank, plundered the till, ran headlong into debt. It was no use making him take the pledge: he was sure to break out again a few days after. By fighting his wife in the presence of customers and by buying bad meat he ruined his business. One night he went for his wife with the cleaver and she had to sleep in a neighbour's house.

After that they lived apart. She went to the priest and got a separation from him, with care of the children. She would give him neither money nor food nor house-room; and so he was obliged to enlist himself as a sheriff's man. He was a shabby stooped little drunkard with a white face and a white moustache and white eyebrows, pencilled above his little eyes, which were pink-veined and raw; and all day long he sat in the bailiff's room, waiting to be put on a job. Mrs Mooney, who had taken what remained of her money out of the butcher business and set up a boarding house in Hardwicke Street, was a big imposing woman. Her house had a floating population made up of tourists from Liverpool

DIE PENSION

Mrs Mooney war die Tochter eines Metzgers. Sie war
eine Frau, die imstande war, Dinge für sich zu behalten:
eine willensstarke Frau. Sie hatte den Gesellen ihres Vaters geheiratet und in der Nähe von Spring Gardens eine
Metzgerei aufgemacht. Aber kaum war sein Schwieger-
vater gestorben, kam Mr Mooney allmählich auf den
Hund. Er trank, plünderte die Kasse, verschuldete sich
bis über die Ohren. Seine Versprechen, keinen Alkohol
mehr anzurühren, waren für die Katz: Schon wenige
Tage später fing er wieder an. Er stritt sich in Gegenwart
von Kunden mit seiner Frau, kaufte schlechtes Fleisch ein
und richtete so das Geschäft zugrunde. Eines Abends ging
er mit dem Fleischerbeil auf seine Frau los, und sie musste im Haus von Nachbarn übernachten.

Von da an lebten sie getrennt. Sie ging zum Pfarrer
und erwirkte die Trennung und das Sorgerecht für die
Kinder. Da sie nicht bereit war, ihrem Mann Geld, Essen
oder Unterkunft zu geben, war er gezwungen, sich als
Gehilfe des Gerichtsvollziehers zu verdingen. Er war
ein heruntergekommener, gebeugter kleiner Säufer mit
bleichem Gesicht, bleichem Schnurrbart und dünnen
bleichen Brauen über seinen kleinen Augen, die rötlich
geädert und blutunterlaufen waren; und den ganzen Tag
saß er in der Amtsstube des Bailiff und wartete, bis es
etwas zu tun gab. Mrs Mooney, die das ihr verbliebene
Geld aus der Metzgerei gezogen und damit eine Pension
in der Hardwicke Street eröffnet hatte, war eine statt-
liche, beeindruckende Frau. Die wechselnden Bewohner
ihres Hauses waren Feriengäste, die von Liverpool und

and the Isle of Man and, occasionally, *artistes* from the music halls. Its resident population was made up of clerks from the city. She governed the house cunningly and firmly, knew when to give credit, when to be stern and when to let things pass. All the resident young men spoke of her as *The Madam*.

Mrs Mooney's young men paid fifteen shillings a week for board and lodgings (beer or stout at dinner excluded). They shared in common tastes and occupations and for this reason they were very chummy with one another. They discussed with one another the chances of favourites and outsiders. Jack Mooney, the Madam's son, who was clerk to a commission agent in Fleet Street, had the reputation of being a hard case. He was fond of using soldiers' obscenities: usually he came home in the small hours. When he met his friends he had always a good one to tell them and he was always sure to be on to a good thing – that is to say, a likely horse or a likely *artiste*. He was also handy with the mits and sang comic songs. On Sunday nights there would often be a reunion in Mrs Mooney's front drawing-room. The music-hall *artistes* would oblige; and Sheridan played waltzes and polkas and vamped accompaniments. Polly Mooney, the Madam's daughter, would also sing. She sang:

> *I'm a ... naughty girl.*
> *You needn't sham:*
> *You know I am.*

der Insel Man herüberkamen, und gelegentlich auch
Varietékünstler. Die festen Mieter waren Büroangestell-
te aus der Stadt. Mrs Mooney führte ein kluges und
straffes Regiment in ihrem Haus und wusste genau,
wem sie Kredit geben konnte, wann Strenge und wann
Nachgiebigkeit geboten waren. Die jungen Männer, die
bei ihr wohnten, nannten sie alle «die Madame».

Mrs Mooneys junge Männer zahlten fünfzehn
Schilling pro Woche für Kost und Logis (Bier oder
Stout zum Abendessen nicht inbegriffen). Sie hatten
gleiche Interessen und Berufe und standen aus diesem
Grunde auf Du und Du miteinander. Sie diskutierten
über die Chancen von Favoriten und Außenseitern.
Jack Mooney, der Sohn der Madame, war bei einem
Kommissionär in der Fleet Street angestellt und stand
im Ruf, ein ganz Wilder zu sein. Er bediente sich gern
einer derben Soldatensprache und kam meistens erst
in den frühen Morgenstunden nach Hause. Wenn er
seine Freunde traf, kannte er stets einen guten Witz,
und immer hatte er etwas Vielversprechendes an der
Hand – mal ein Pferd, mal ein Mädchen vom Varieté.
Obendrein war er schlagfertig, und er konnte lustige
Lieder singen. Sonntagabends war in Mrs Mooneys
vorderem Salon oft ein geselliges Beisammensein.
Die Leute vom Varieté gaben etwas zum Besten, und
Sheridan spielte Walzer und Polka oder improvisierte.
Polly Mooney, die Tochter der Madame, sang dann
auch etwas. Sie sang:

> *Ich bin ein ... unartiges Mädchen.*
> *Tut nur nicht so,*
> *Ihr wisst, dass es so ist.*

Polly was a slim girl of nineteen; she had light soft hair and a small full mouth. Her eyes, which were grey with a shade of green through them, had a habit of glancing upwards when she spoke with anyone, which made her look like a little perverse madonna. Mrs Mooney had first sent her daughter to be a typist in a corn-factor's office, but as a disreputable sheriff's man used to come every other day to the office, asking to be allowed to say a word to his daughter, she had taken her daughter home again and set her to do housework. As Polly was very lively, the intention was to give her the run of the young men. Besides, young men like to feel that there is a young woman not very far away. Polly, of course, flirted with the young men, but Mrs Mooney, who was a shrewd judge, knew that the young men were only passing the time away: none of them meant business. Things went on so for a long time, and Mrs Mooney began to think of sending Polly back to typewriting, when she noticed that something was going on between Polly and one of the young men. She watched the pair and kept her own counsel.

Polly knew that she was being watched, but still her mother's persistent silence could not be misunderstood. There had been no open complicity between mother and daughter, no open understanding, but though people in the house began to talk of the affair, still Mrs Mooney did not intervene. Polly began to grow a little strange in her manner and the young man was evidently perturbed. At last, when she judged it to be the right moment, Mrs Mooney in-

Polly war ein schlankes Mädchen von neunzehn. Sie hatte helles, weiches Haar und einen kleinen, vollen Mund. Ihre Augen, grau mit einem Hauch von Grün, verdrehten sich, wenn sie mit jemandem sprach, gen Himmel, was ihr das Aussehen einer unheiligen kleinen Madonna gab. Zuerst hatte Mrs Mooney ihre Tochter als Sekretärin in das Kontor eines Getreidehändlers geschickt, aber als ein übel beleumundeter Amtsgehilfe jeden zweiten Tag im Kontor erschien und bat, kurz mit seiner Tochter reden zu dürfen, hatte sie sie wieder heimgeholt und im Haushalt beschäftigt. Da Polly ein recht munteres Ding war, sollte sie die jungen Männer unterhalten. Es ist ja so, dass junge Männer es ganz gern haben, wenn eine junge Frau in der Nähe ist. Natürlich flirtete Polly mit den jungen Männern, aber Mrs Mooney war eine gute Menschenkennerin und wusste, dass die jungen Männer sich nur die Zeit vertrieben und dass keiner ernste Absichten hatte. So ging das eine ganze Zeitlang, und Mrs Mooney dachte schon daran, Polly wieder als Sekretärin arbeiten zu lassen, als sie bemerkte, dass sich zwischen Polly und einem der jungen Männer etwas anbahnte. Sie beobachtete das Pärchen und hielt sich zurück.

Polly wusste, dass sie beobachtet wurde, aber missverständlich war dieses anhaltende Schweigen ihrer Mutter gleichwohl nicht. Zwischen Mutter und Tochter hatte es keine offene Komplizenschaft, kein offenes Einverständnis gegeben, aber auch als die Leute im Haus über die Affäre zu tuscheln begannen, griff Mrs Mooney nicht ein. Pollys Verhalten wurde ein wenig sonderbar, und der junge Mann war offensichtlich beunruhigt. Als sie den richtigen Augenblick für gekommen hielt, griff Mrs Mooney schließlich doch ein. Sie ging an

tervened. She dealt with moral problems as a cleaver deals with meat: and in this case she had made up her mind.

It was a bright Sunday morning of early summer, promising heat, but with a fresh breeze blowing. All the windows of the boarding house were open and the lace curtains ballooned gently towards the street beneath the raised sashes. The belfry of George's Church sent out constant peals and worshippers, singly or in groups, traversed the little circus before the church, revealing their purpose by their self-contained demeanour no less than by the little volumes in their gloved hands. Breakfast was over in the boarding house, and the table of the breakfast-room was covered with plates on which lay yellow streaks of eggs with morsels of bacon-fat and bacon-rind. Mrs Mooney sat in the straw armchair and watched the servant Mary remove the breakfast things. She made Mary collect the crusts and pieces of broken bread to help to make Tuesday's bread-pudding. When the table was cleared, the broken bread collected, the sugar and butter safe under lock and key, she began to reconstruct the interview which she had had the night before with Polly. Things were as she had suspected: she had been frank in her questions and Polly had been frank in her answers. Both had been somewhat awkward, of course. She had been made awkward by her not wishing to receive the news in too cavalier a fashion or to seem to have connived, and Polly had been made awkward not merely because allusions of that kind always made her awkward, but also

moralische Probleme so heran wie ein Metzgerbeil an ein Stück Fleisch. Und in diesem Fall hatte sie sich entschieden.

Es war ein strahlender Sonntagmorgen im Frühsommer. Es versprach heiß zu werden, aber mit einer frischen Brise. Alle Fenster der Pension standen offen, und die Tüllgardinen bauschten sich unter den hochgeschobenen Fensterhälften leicht zur Straße hinaus. Vom Glockenturm der George's Church ertönte anhaltendes Läuten, und die Gläubigen, die einzeln oder zu mehreren das kleine Rondell vor der Kirche querten, gaben durch ihr in sich gekehrtes Verhalten ebenso wie durch die kleinen Bücher in ihren behandschuhten Händen ihr Ziel zu erkennen. Das Frühstück in der Pension war vorüber, und auf dem Tisch im Frühstückszimmer standen Teller mit verschmiertem Eigelb und Resten von gebratenem Speck und Speckschwarte. Mrs Mooney saß im Korbsessel und passte auf, wie Mary, das Hausmädchen, das Frühstücksgeschirr abräumte. Sie wies Mary an, die Brotkrusten und Krümel für den Brotpudding am Dienstag aufzuheben. Als der Tisch abgeräumt, die Brotreste eingesammelt und Zucker und Butter sicher verwahrt waren, ging sie noch einmal das Gespräch durch, das sie am Abend zuvor mit Polly geführt hatte. Es war, wie sie es vermutet hatte: Sie hatte geradeheraus gefragt, und Polly hatte geradeheraus geantwortet. Beide waren natürlich ein bisschen verlegen gewesen. Sie war verlegen gewesen, weil sie nicht den Eindruck erwecken wollte, als nehme sie die Nachricht seelenruhig hin oder als habe sie ein Auge zugedrückt; und Polly war verlegen gewesen, weil Andeutungen dieser Art sie immer verlegen machten und weil sie außerdem nicht wollte, dass man annahm, in

because she did not wish it to be thought that in her wise innocence she had divined the intention behind her mother's tolerance.

Mrs Mooney glanced instinctively at the little gilt clock on the mantelpiece as soon as she had become aware through her reverie that the bells of George's Church had stopped ringing. It was seventeen minutes past eleven: she would have lots of time to have the matter out with Mr Doran and then catch short twelve at Marlborough Street. She was sure she would win. To begin with, she had all the weight of social opinion on her side: she was an outraged mother. She had allowed him to live beneath her roof, assuming that he was a man of honour, and he had simply abused her hospitality. He was thirty-four or thirty-five years of age, so that youth could not be pleaded as his excuse; nor could ignorance be his excuse, since he was a man who had seen something of the world. He had simply taken advantage of Polly's youth and inexperience: that was evident. The question was: What reparation would he make?

There must be reparation made in such case. It is all very well for the man: he can go his ways as if nothing had happened, having had his moment of pleasure, but the girl has to bear the brunt. Some mothers would be content to patch up such an affair for a sum of money; she had known cases of it. But she would not do so. For her only one reparation could make up for the loss of her daughter's honour: marriage.

She counted all her cards again before send-

ihrer klugen Unschuld habe sie die Absicht hinter dem duldsamen Verhalten ihrer Mutter erraten.

Mrs Mooney sah unwillkürlich zu der kleinen vergoldeten Uhr auf dem Kaminsims hinüber, als sie in ihrer Geistesabwesenheit wahrnahm, dass das Läuten von St. George's Church aufgehört hatte. Es war siebzehn Minuten nach elf, ihr blieb also genug Zeit, die Angelegenheit mit Mr Doran zu klären und trotzdem noch die kurze Zwölfuhr-Andacht in der Marlborough Street zu besuchen. Dass sie obsiegen würde, stand für sie fest. Zunächst einmal hatte sie das ganze Gewicht der öffentlichen Meinung auf ihrer Seite: Sie war eine empörte Mutter. Sie hatte ihn unter ihrem Dach beherbergt in der Annahme, dass er ein Ehrenmann sei, und er hatte ihre Gastfreundschaft missbraucht. Er war vier- oder fünfunddreißig Jahre alt, so dass Jugend für ihn keine Entschuldigung mehr war, ebensowenig wie Unwissenheit, denn er war ein Mann, der schon etwas von der Welt gesehen hatte. Vielmehr hatte er ganz offensichtlich Pollys Jugend und Unerfahrenheit ausgenutzt. Die Frage war nun: Zu welcher Wiedergutmachung war er bereit?

Denn in einem solchen Fall war eine Wiedergutmachung unabdingbar. Für den Mann ist alles gut und schön: Wenn er sein Vergnügen gehabt hat, kann er seiner Wege gehen, als wäre nichts geschehen, aber das Mädchen muss alles ausbaden. Es gibt zwar Mütter, die für einen gewissen Betrag bereit sind, unter so eine Affäre einen Strich zu ziehen; ihr waren solche Fälle selbst bekannt. Aber sie würde das nicht tun. Für sie ließ sich der Verlust der Ehre ihrer Tochter nur auf eine Art wiedergutmachen: durch Heirat.

Sie zählte ihre Trumpfkarten noch einmal, bevor sie

ing Mary up to Mr Doran's room to say that she wished to speak with him. She felt sure she would win. He was a serious young man, not rakish or loud-voiced like the others. If it had been Mr Sheridan or Mr Meade or Bantam Lyons, her task would have been much harder. She did not think he would face publicity. All the lodgers in the house knew something of the affair; details had been invented by some. Besides, he had been employed for thirteen years in a great Catholic wine-merchant's office, and publicity would mean for him, perhaps, the loss of his job. Whereas if he agreed all might be well. She knew he had a good screw for one thing, and she suspected he had a bit of stuff put by.

Nearly the half-hour! She stood up and surveyed herself in the pier-glass. The decisive expression of her great florid face satisfied her, and she thought of some mothers she knew who could not get their daughters off their hands.

Mr Doran was very anxious indeed this Sunday morning. He had made two attempts to shave, but his hand had been so unsteady that he had been obliged to desist. Three days' reddish beard fringed his jaws, and every two or three minutes a mist gathered on his glasses so that he had to take them off and polish them with his pocket-handkerchief. The recollection of his confession of the night before was a cause of acute pain to him; the priest had drawn out every ridiculous detail of the affair, and in the end had so magnified his sin that he was almost

Mary zu Mr Doran hinaufschickte, um ihm ausrichten zu lassen, sie wünsche ihn zu sprechen. Sie war davon überzeugt, dass sie obsiegen würde. Er war ein ernsthafter junger Mann und nicht so liederlich und laut wie die anderen. Hätte es sich um Mr Sheridan oder Mr Meade oder Bantam Lyons gehandelt, wäre es für sie viel schwieriger gewesen. Sie glaubte nicht, dass er sich öffentlichem Gerede aussetzen würde. Alle im Haus wussten etwas von der Affäre, manche hatten Einzelheiten hinzuerfunden. Außerdem war er seit dreizehn Jahren bei einem großen katholischen Weinhändler angestellt, und öffentliches Gerede würde für ihn möglicherweise den Verlust seiner Stellung bedeuten. Stimmte er dagegen zu, dann war vielleicht alles gut. Sie wusste, dass er zumindest ganz gut bei Kasse war, und vermutete außerdem, dass er etwas auf die hohe Kante gelegt hatte.

Fast schon halb! Sie stand auf und betrachtete sich im Wandspiegel. Sie war mit dem entschlossenen Ausdruck in ihrem großen, frischen Gesicht zufrieden, und sie dachte an einige Mütter in ihrer Bekanntschaft, die ihre Töchter einfach nicht unter die Haube bekamen.

Mr Doran war an diesem Sonntagmorgen außerordentlich nervös. Zweimal hatte er den Versuch gemacht, sich zu rasieren, aber seine Hand hatte so gezittert, dass er es aufgeben musste. Ein rötlicher Dreitagebart säumte sein Kinn, und alle paar Minuten beschlug seine Brille, so dass er sie absetzen und mit dem Taschentuch putzen musste. Die Erinnerung an seine Beichte vom Vorabend peinigte ihn. Der Priester hatte jede lächerliche Einzelheit der Affäre aus ihm herausgeholt und am Ende seine Sünde als so groß dargestellt, dass er fast dankbar war, als ihm ein Ausweg zur Wiedergutmachung gewiesen wurde. Der Schaden

thankful at being afforded a loophole of reparation. The harm was done. What could he do now
but marry her or run away? He could not bra-
zen it out. The affair would be sure to be talked
of, and his employer would be certain to hear of
it. Dublin is such a small city: everyone knows
everyone else's business. He felt his heart leap
warmly in his throat as he heard in his excited
imagination old Mr Leonard calling out in his
rasping voice: *Send Mr Doran here, please.*

All his long years of service gone for nothing! All his industry and diligence thrown
away! As a young man he had sown his wild
oats, of course; he had boasted of his free-
thinking and denied the existence of God to his
companions in public-houses. But that was all
passed and done with … nearly. He still bought
a copy of *Reynolds's Newspaper* every week,
but he attended to his religious duties, and for
nine-tenths of the year lived a regular life. He
had money enough to settle down on; it was not
that. But the family would look down on her.
First of all there was her disreputable father, and
then her mother's boarding house was beginning to get a certain fame. He had a notion that
he was being had. He could imagine his friends
talking of the affair and laughing. She *was* a
little vulgar; sometimes she said *I seen* and
If I had've known. But what would grammar
matter if he really loved her? He could not make
up his mind whether to like her or despise her
for what she had done. Of course he had done it
too. His instinct urged him to remain free, not

war angerichtet. Was blieb ihm nun anderes übrig, als sie zu heiraten oder wegzulaufen? Sich frech über alles hinwegsetzen konnte er nicht. Bestimmt würde es wegen der Affäre Gerede geben, und es würde gewiss seinem Chef zu Ohren kommen. Dublin ist ja eine so kleine Stadt, jeder weiß, was der andere treibt. Er spürte, wie ihm das Herz wild im Halse schlug, als er in seiner erregten Phantasie den alten Mr Leonard mit schnarrender Stimme rufen hörte: *Schicken Sie mir bitte Mr Doran her!*

All die vielen Jahre treuer Dienste umsonst! All sein Eifer und Fleiß vergeudet! Natürlich hatte auch er Jugendtorheiten begangen. Er hatte sich mit seiner Freidenkerei gebrüstet und vor seinen Wirtshauskumpanen die Existenz Gottes geleugnet. Aber das war doch alles vorbei ... beinahe. Noch immer kaufte er sich jede Woche *Reynolds's Newspaper*, aber er kam seinen religiösen Pflichten nach und führte während neun Zehnteln des Jahres ein stetiges Leben. Er besaß genug Geld, um einen Hausstand zu gründen; das war es nicht. Aber seine Familie würde auf sie herabsehen. Da war erstens ihr unrühmlicher Vater, und dann kam die Pension ihrer Mutter allmählich in einen gewissen Ruf. Es ging ihm durch den Kopf, dass er drauf und dran war, in eine Falle zu gehen. Er sah schon im Geiste, wie seine Freunde über diese Affäre redeten und lachten. Sie war ja wirklich ein bisschen gewöhnlich. Manchmal sagte sie *Ich tu ihn seh'n* und *Wenn ich wissen würde*. Aber was zählte schon die Grammatik, wenn er sie wirklich liebte? Er wusste nicht, ob er sie für das, was sie getan hatte, lieben oder verachten sollte. Natürlich hatte er es auch getan. Sein Instinkt riet ihm, frei zu bleiben, nicht zu

to marry. Once you are married you are done
for, it said.

While he was sitting helplessly on the side of
the bed in shirt and trousers, she tapped lightly
at his door and entered. She told him all, that
she had made a clean breast of it to her mother
and that her mother would speak with him that
morning. She cried and threw her arms round
his neck, saying:

"O Bob! Bob! What am I to do? What am I
to do at all?"

She would put an end to herself, she said.

He comforted her feebly, telling her not to
cry, that it would be all right, never fear. He felt
against his shirt the agitation of her bosom.

It was not altogether his fault that it had happened. He remembered well, with the curious
patient memory of the celibate, the first casual
caresses her dress, her breath, her fingers had given him. Then late one night as he was undres-
sing for bed she had tapped at his door, timidly.
She wanted to relight her candle at his, for hers
had been blown out by a gust. It was her bath
night. She wore a loose open combing-jacket
of printed flannel. Her white instep shone in
the opening of her furry slippers and the blood
glowed warmly behind her perfumed skin. From
her hands and wrists too as she lit and steadied
her candle a faint perfume arose.

On nights when he came in very late it was
she who warmed up his dinner. He scarcely
knew what he was eating feeling her beside him
alone, at night, in the sleeping house. And her

heiraten. Wenn du erst verheiratet bist, sagte er sich, ist es aus mit dir.

Während er so in Hemd und Hose ratlos auf der Bettkante saß, klopfte sie leise an die Tür und kam herein. Sie erzählte ihm alles – dass sie ihrer Mutter alles gestanden habe und dass ihre Mutter noch an diesem Vormittag mit ihm reden wolle. Weinend schlang sie die Arme um seinen Hals und rief:

»Ach Bob! Bob! Was soll ich tun? Was soll ich denn nur tun?«

Sie werde, sagte sie, ihrem Leben ein Ende machen.

Er tröstete sie zaghaft und bat sie, nicht mehr zu weinen, es werde schon alles gut, keine Angst. Durch sein Hemd spürte er die Wallung ihres Busens.

Es war nicht allein seine Schuld, dass es passiert war. Er erinnerte sich mit dem seltsam beharrlichen Gedächtnis des Junggesellen genau an die ersten zufälligen Liebkosungen durch ihr Kleid, ihren Atem, ihre Finger. Dann, eines späten Abends, als er sich gerade auszog, hatte sie schüchtern an seine Tür geklopft. Sie wollte ihre Kerze, die ein Luftzug ausgelöscht hatte, an seiner Kerze wieder anzünden. Es war der Abend, an dem sie ihr Bad nahm. Sie trug einen weiten, offenen Frisierumhang aus gemustertem Flanell. Der Rücken ihres Fußes schimmerte weiß in der Öffnung ihres Fellpantoffels, und unter ihrer duftenden Haut war die Wärme des Blutes. Und während sie die Kerze behutsam anzündete, ging auch von ihren Händen und Handgelenken ein zarter Duft aus.

Wenn er abends einmal sehr spät nach Hause kam, war sie es, die ihm das Essen wärmte. Er merkte kaum, was er aß, wenn er sie neben sich fühlte, so allein bei Nacht in dem schlafenden Haus. Und wie aufmerk-

thoughtfulness! If the night was anyway cold
or wet or windy there was sure to be a little
tumbler of punch ready for him. Perhaps they
could be happy together ...

They used to go upstairs together on
tiptoe, each with a candle, and on the third
landing exchange reluctant good-nights. They
used to kiss. He remembered well her eyes,
the touch of her hand and his delirium ...

But delirium passes. He echoed her phrase,
applying it to himself: *What am I to do?*
The instinct of the celibate warned him to hold
back. But the sin was there; even his sense of
honour told him that reparation must be made
for such a sin.

While he was sitting with her on the side
of the bed Mary came to the door and said
that the missus wanted to see him in the
parlour. He stood up to put on his coat and
waistcoat, more helpless than ever. When he
was dressed he went over to her to comfort
her. It would be all right, never fear. He left
her crying on the bed and moaning softly:
O my God!

Going down the stairs his glasses became
so dimmed with moisture that he had to take
them off and polish them. He longed to ascend
through the roof and fly away to another
country where he would never hear again of
his trouble, and yet a force pushed him downstairs step by step. The implacable faces of his
employer and of the Madam stared upon his
discomfiture. On the last flight of stairs he

sam sie war! War die Nacht einmal kalt oder nass oder windig, stand immer ein Gläschen Punsch für ihn bereit. Vielleicht könnten sie doch glücklich miteinander werden …

Auf Zehenspitzen waren sie immer zusammen nach oben gegangen, jeder mit einer Kerze, und auf dem dritten Treppenabsatz hatten sie einander zögernd gute Nacht gesagt. Sie hatten sich geküsst. Er konnte sich gut an ihre Augen, die Berührung ihrer Hand und seine Verzückung erinnern …

Aber Verzückung vergeht. Er wiederholte ihre Worte und bezog sie diesmal auf sich: *Was soll ich tun?* Der Instinkt des Junggesellen ermahnte ihn, sich zurückzuhalten. Aber die Sünde war geschehen; auch sein Ehrgefühl sagte ihm, dass eine solche Sünde Wiedergutmachung verlangte.

Während er so neben ihr auf der Bettkante saß, kam Mary an die Tür und sagte, die gnä' Frau wünsche ihn im Salon zu sprechen. Mr Doran stand auf, ratloser denn je, um sich Rock und Weste anzuziehen. Als er damit fertig war, trat er wieder zu Polly, um sie zu trösten. Es werde schon alles gut werden, keine Angst. Er ging, weinend blieb sie auf dem Bett zurück und schluchzte leise: *O mein Gott!*

Während er die Treppe hinunterging, beschlug seine Brille so stark, dass er sie absetzen und putzen musste. Er wünschte sich, durch das Dach aufsteigen und davonfliegen zu können in ein anderes Land, wo er seine Sorgen für immer los wäre, aber zugleich zwang ihn etwas Stufe um Stufe die Treppe hinunter. Die unversöhnlichen Gesichter seines Chefs und der Madame starrten ihn in seinem Unbehagen an. Auf der untersten Treppe begegnete ihm Jack Mooney, der gerade aus der Vorrats-

passed Jack Mooney, who was coming up from the pantry nursing two bottles of *Bass*. They saluted coldly; and the lover's eyes rested for a second or two on a thick bulldog face and a pair of thick short arms. When he reached the foot of the staircase he glanced up and saw Jack regarding him from the door of the return-room.

Suddenly he remembered the night when one of the music-hall *artistes*, a little blond Londoner, had made a rather free allusion to Polly. The reunion had been almost broken up on account of Jack's violence. Everyone tried to quiet him. The music-hall *artiste*, a little paler than usual, kept smiling and saying that there was no harm meant; but Jack kept shouting at him that if any fellow tried that sort of a game on with his sister he'd bloody well put his teeth down his throat, so he would.

Polly sat for a little time on the side of the bed, crying. Then she dried her eyes and went over to the looking-glass. She dipped the end of the towel in the water-jug and refreshed her eyes with the cool water. She looked at herself in profile and readjusted a hairpin above her ear. Then she went back to the bed again and sat at the foot. She regarded the pillows for a long time, and the sight of them awakened in her mind secret, amiable memories. She rested the nape of her neck against the cool iron bed-rail and fell into a reverie. There was no longer any perturbation visible on her face.

She waited on patiently, almost cheerfully, without alarm, her memories gradually giving place

kammer kam und zwei Flaschen *Bass* im Arm wiegte.
Sie grüßten einander frostig, und für ein paar Sekunden
fiel der Blick des Liebhabers auf ein fleischiges Bull-
doggengesicht und ein paar kurze, fleischige Arme. Als
er unten war, schaute er noch einmal die Treppe hinauf
und sah, wie Jack ihn von der Tür des Hinterzimmers
aus fixierte.

Plötzlich erinnerte er sich an den Abend, als einer
der Varietékünstler, ein kleiner Blonder aus London,
eine etwas anzügliche Bemerkung über Polly gemacht
hatte. Die Gesellschaft wäre fast geplatzt, so wild war
Jack geworden. Alle versuchten ihn zu beruhigen. Der
Varietékünstler, ein wenig blasser als sonst, lächelte
weiter und sagte, es sei doch nicht so gemeint gewesen; aber Jack brüllte ihn an und sagte, wenn einer
sich mit seiner Schwester solche Scherze erlaube,
dann werde er bei Gott dem Dreckskerl alle Zähne
einschlagen.

Eine kleine Weile saß Polly noch weinend auf der
Bettkante. Dann trocknete sie ihre Tränen und ging
zum Spiegel. Sie tauchte einen Zipfel vom Handtuch
in den Wasserkrug und kühlte sich die Augen. Sie betrachtete sich von der Seite und steckte über dem Ohr
eine Haarnadel fest. Dann ging sie wieder zum Bett
und setzte sich ans Fußende. Lange betrachtete sie
die Kissen, deren Anblick in ihr geheime, angenehme
Erinnerungen weckte. Sie lehnte ihren Nacken an das
kühle eiserne Bettgestell und begann zu träumen. In
ihrem Gesicht war keine Spur von Erregung mehr zu
sehen.

Sie wartete geduldig, fast heiter, ohne Angst, und ihre
Erinnerungen machten nach und nach Hoffnungen und

to hopes and visions of the future. Her hopes and visions were so intricate that she no longer saw the white pillows on which her gaze was fixed, or remembered that she was waiting for anything.

At last she heard her mother calling. She started to her feet and ran to the banisters.

"Polly! Polly!"

"Yes, mamma?"

"Come down, dear. Mr Doran wants to speak to you."

Then she remembered what she had been waiting for.

Zukunftsträumen Platz. Ihre Hoffnungen und Träume waren so verworren, dass sie die weißen Kissen, auf die ihr Blick geheftet war, gar nicht mehr wahrnahm und ganz vergaß, dass sie auf etwas wartete.

Schließlich hörte sie ihre Mutter rufen. Sie sprang auf und rannte zum Treppengeländer.

«Polly! Polly!»

«Ja, Mama?»

«Komm herunter, Kind. Mr Doran möchte mit dir reden.»

Da fiel ihr wieder ein, worauf sie gewartet hatte.

A LITTLE CLOUD

Eight years before he had seen his friend off
at the North Wall and wished him godspeed.
Gallaher had got on. You could tell that at once
by his travelled air, his well-cut tweed suit and
fearless accent. Few fellows had talents like his,
and fewer still could remain unspoiled by such
success. Gallaher's heart was in the right place
and he had deserved to win. It was something to
have a friend like that.

Little Chandler's thoughts ever since lunch-
time had been of his meeting with Gallaher,
of Gallaher's invitation, and of the great city
London where Gallaher lived. He was called
Little Chandler because, though he was but
slightly under the average stature, he gave one
the idea of being a little man. His hands were
white and small, his frame was fragile, his voice
was quiet and his manners were refined. He
took the greatest care of his fair silken hair and
moustache, and used perfume discreetly on
his handkerchief. The half-moons of his nails
were perfect, and when he smiled you caught a
glimpse of a row of childish white teeth.

As he sat at his desk in the King's Inns he
thought what changes those eight years had
brought. The friend whom he had known
under a shabby and necessitous guise had
become a brilliant figure on the London Press.
He turned often from his tiresome writing to

EINE KLEINE WOLKE

Vor acht Jahren hatte er seinem Freund am North Wall-Kai Lebewohl gesagt und ihm alles Gute gewünscht. Gallaher hatte es geschafft. Das erkannte man sofort an seiner weltmännischen Miene, seinem gutgeschnittenen Tweedanzug und seiner furchtlosen Sprache. Wenige hatten so viel Talent wie er, und kaum einer, den so viel Erfolg nicht verdorben hätte. Gallaher hatte das Herz am rechten Fleck, und er hatte seinen Erfolg verdient. Es war schon etwas, einen solchen Freund zu haben.

Little Chandlers Gedanken kreisten seit der Mittagspause um seine Verabredung mit Gallaher, um Gallahers Einladung und um die großartige Stadt London, in der Gallaher lebte. Er wurde Little Chandler genannt, weil er, obwohl nur von knapp unterdurchschnittlicher Größe, den Eindruck eines kleinen Mannes machte. Seine Hände waren klein und weiß, seine Statur zierlich, er sprach mit leiser Stimme und hatte ein tadelloses Benehmen. Er pflegte sein blondes, seidiges Haar und seinen Schnurrbart mit größter Sorgfalt und benutzte stets ein dezent parfümiertes Taschentuch. Die Halbmöndchen seiner Fingernägel waren makellos, und wenn er lächelte, zeigte er eine Reihe kindlich-weißer Zähne.

Während er an seinem Schreibpult in den King's Inns saß, dachte er darüber nach, welche Veränderungen jene acht Jahre gebracht hatten. Der Freund, den er damals in schäbigen, armseligen Verhältnissen erlebt hatte, war nun eine glanzvolle Persönlichkeit der Londoner Pressewelt. Immer wieder sah er von seiner ermüden-

gaze out of the office window. The glow of a
late autumn sunset covered the grass plots and
walks. It cast a shower of kindly golden dust
on the untidy nurses and decrepit old men
who drowsed on the benches; it flickered upon
all the moving figures – on the children who
ran screaming along the gravel paths and on
everyone who passed through the gardens. He
watched the scene and thought of life; and (as
always happened when he thought of life) he
became sad. A gentle melancholy took possession of him. He felt how useless it was to
struggle against fortune, this being the burden
of wisdom which the ages had bequeathed to
him.

He remembered the books of poetry upon
his shelves at home. He had bought them in
his bachelor days and many an evening, as he
sat in the little room off the hall, he had been
tempted to take one down from the bookshelf
and read out something to his wife. But shyness
had always held him back; and so the books had
remained on their shelves. At times he repeated
lines to himself and this consoled him.

When his hour had struck he stood up and
took leave of his desk and of his fellow-clerks
punctiliously. He emerged from under the
feudal arch of the King's Inns, a neat modest
figure, and walked swiftly down Henrietta
Street. The golden sunset was waning and the
air had grown sharp. A horde of grimy children populated the street. They stood or ran
in the roadway, or crawled up the steps before

den Schreibarbeit auf und starrte durch das Fenster des Büros nach draußen. Das glühende Licht der untergehenden Spätherbstsonne lag auf Grasflächen und Wegen. Es senkte sich in einer Wolke freundlichen Goldstaubs auf ungepflegte Kindermädchen und gebrechliche Greise, die auf Bänken vor sich hindösten; es flimmerte auf allem, was sich bewegte – auf den Kindern, die lärmend auf den Kieswegen umherrannten und auf allen, die durch die Anlage gingen. Er beobachtete dieses Schauspiel und dachte über das Leben nach, und wie immer, wenn er über das Leben nachdachte, wurde er traurig. Leise Schwermut nahm von ihm Besitz. Er spürte, wie sinnlos es war, sich gegen das Schicksal aufzulehnen – eine drückende Einsicht, welche die Zeiten ihm vererbt hatten.

Ihm kamen die Gedichtbände, die zu Hause seine Bücherregale füllten, in den Sinn. Als Junggeselle hatte er sie erstanden, und an manchem Abend, wenn er in dem kleinen Zimmer neben der Diele saß, war er versucht gewesen, eines aus dem Regal zu nehmen und seiner Frau daraus vorzulesen. Doch hatte ihn seine Schüchternheit immer davon abgehalten, und so blieben die Bücher an ihrem Platz. Manchmal sagte er sich ein paar Verse auf, und das gab ihm Trost.

Als es Zeit für ihn wurde, stand er auf und verabschiedete sich gewissenhaft von seinem Pult und seinen Kollegen. Er trat aus dem prunkvollen Torbogen der King's Inns, eine gepflegte, bescheidene Gestalt, und ging eilig die Henrietta Street hinunter. Der goldene Sonnenuntergang verdämmerte allmählich, und ein schneidender Wind wehte. Eine Horde schmutziger Kinder bevölkerte die Straße. Sie standen oder rannten auf dem Fahrdamm, krochen auf die Stufen vor den offenstehenden Haustü-

the gaping doors, or squatted like mice upon the thresholds. Little Chandler gave them no thought. He picked his way deftly through all that minute vermin-like life and under the shadow of the gaunt spectral mansions in which the old nobility of Dublin had roistered. No memory of the past touched him, for his mind was full of a present joy.

He had never been in Corless's, but he knew the value of the name. He knew that people went there after the theatre to eat oysters and drink liqueurs; and he had heard that the waiters there spoke French and German. Walking swiftly by at night he had seen cabs drawn up before the door and richly dressed ladies, escorted by cavaliers, alight and enter quickly. They wore noisy dresses and many wraps. Their faces were powdered and they caught up their dresses, when they touched earth, like alarmed Atalantas. He had always passed without turning his head to look. It was his habit to walk swiftly in the street even by day, and whenever he found himself in the city late at night he hurried on his way apprehensively and excitedly. Sometimes, however, he courted the causes of his fear. He chose the darkest and narrowest streets and, as he walked boldly forward, the silence that was spread about his footsteps troubled him, the wandering, silent figures troubled him; and at times a sound of low fugitive laughter made him tremble like a leaf.

He turned to the right towards Capel Street. Ignatius Gallaher on the London Press! Who

ren und kauerten wie Mäuse auf den Türschwellen. Little Chandler schenkte ihnen keine Beachtung. Flink bahnte er sich seinen Weg durch all das unbedeutende, wimmelnde Leben im Schatten der aufragenden, geisterhaften Herrschaftshäuser, in denen der alte Dubliner Adel einst seine Gelage abgehalten hatte. Keine Erinnerung an die Vergangenheit berührte ihn, denn er war ganz von einer gegenwärtigen Freude erfüllt.

Er war noch nie bei Corless gewesen, doch er wusste, was der Name bedeutete. Er wusste, dass man nach dem Theater dorthin ging, um Austern zu essen und Likör zu trinken, und es hieß, die Kellner sprächen Französisch und Deutsch. Wenn er abends dort vorbeigeeilt war, hatte er Droschken vorfahren sehen, denen elegant gekleidete Damen in Begleitung von Kavalieren entstiegen, die rasch durch die Tür verschwanden. Sie trugen auffällige Kleider und mehrere Umhänge. Ihre Gesichter waren gepudert, und sie rafften wie verschreckte Atalantas ihre Röcke, sobald diese den Boden berührten. Immer war er dort vorübergegangen, ohne den Blick zur Seite zu wenden. Es war seine Gewohnheit, schnellen Schrittes durch die Straßen zu gehen, sogar bei Tag, und wenn er sich einmal spät abends in der Stadt befand, eilte er ängstlich und aufgeregt seines Wegs. Manchmal jedoch suchte er geradezu Veranlassungen für seine Furchtsamkeit. Er wählte die finstersten und engsten Gassen, und während er beherzt voranschritt, ängstigte ihn die Stille, die den Hall seiner Schritte umgab, ängstigten ihn die stumm umherstreifenden Gestalten, und das Geräusch eines leisen flüchtigen Lachens ließ ihn manchmal zittern wie Espenlaub.

Er bog nach rechts in Richtung Capel Street ein. Ignatius Gallaher bei der Londoner Presse! Wer hätte

would have thought it possible eight years before? Still, now that he reviewed the past, Little
Chandler could remember many signs of future
greatness in his friend. People used to say that
Ignatius Gallaher was wild. Of course, he did
mix with a rakish set of fellows at that time;
drank freely and borrowed money on all sides.
In the end he had got mixed up in some shady
affair, some money transaction: at least, that
was one version of his flight. But nobody denied him talent. There was always a certain …
something in Ignatius Gallaher that impressed
you in spite of yourself. Even when he was out
at elbows and at his wits' end for money he kept
up a bold face. Little Chandler remembered
(and the remembrance brought a slight flush of
pride to his cheek), one of Ignatius Gallaher's
sayings when he was in a tight corner:

"Halftime, now, boys," he used to say light-
heartedly. "Where's my considering cap?"

That was Ignatius Gallaher all out; and,
damn it, you couldn't but admire him for it.

Little Chandler quickened his pace. For the
first time in his life he felt himself superior to
the people he passed. For the first time his soul
revolted against the dull inelegance of Capel
Street. There was no doubt about it: if you
wanted to succeed you had to go away. You
could do nothing in Dublin. As he crossed Grattan Bridge he looked down the river towards
the lower quays and pitied the poor stunted
houses. They seemed to him a band of tramps,
huddled together along the river-banks, their

das vor acht Jahren für möglich gehalten? Aber wenn Little Chandler nun zurückblickte, fielen ihm zahlreiche Vorzeichen der späteren Größe seines Freundes ein. Die Leute hatten Ignatius Gallaher immer als liederlich bezeichnet. Natürlich verkehrte er damals mit ein paar verwegenen Kerlen, trank reichlich und pumpte sich überall Geld. Schließlich war er in eine zweifelhafte Angelegenheit verwickelt worden, in irgendwelche Geldgeschäfte. Zumindest galt das als ein Grund für seine Flucht. Doch Talent sprach ihm niemand ab. Ignatius Gallaher hatte ein gewisses Etwas, das einen unwillkürlich beeindruckte. Selbst wenn er keinen Penny mehr hatte und mit seiner Weisheit am Ende war, ließ er sich nichts anmerken. Little Chandler erinnerte sich (und bei dieser Erinnerung röteten sich seine Wangen in heimlichem Stolz) an eine von Ignatius Gallahers Redensarten, wenn er nicht mehr weiterwusste:

«Eben ist Halbzeit, Jungs», sagte er dann fröhlich. «Wo hab ich denn meine Denkkappe?»

Das war Ignatius Gallaher, wie er leibte und lebte, und man konnte ihn dann, verdammt nochmal, nur beneiden.

Little Chandler beschleunigte seine Schritte. Zum ersten Mal in seinem Leben fühlte er sich allen Menschen überlegen, an denen er vorüberging. Zum ersten Mal begehrte er innerlich gegen die dumpfe Unansehnlichkeit der Capel Street auf. Es gab keinen Zweifel: Wer erfolgreich sein wollte, musste woanders hingehen. In Dublin konnte man nichts erreichen. Als er die Grattan Bridge überquerte, sah er flussabwärts auf die unteren Kais und bedauerte die armseligen, buckligen Häuser. Sie erschienen ihm wie ein Haufen Landstreicher, die sich am Flussufer entlang in alten, staubigen und rußgeschwärz-

old coats covered with dust and soot, stupefied by the panorama of sunset and waiting for the first chill of night to bid them arise, shake themselves and begone. He wondered whether he could write a poem to express his idea. Perhaps Gallaher might be able to get it into some London paper for him. Could he write something original? He was not sure what idea he wished to express, but the thought that a poetic moment had touched him took life within him like an infant hope. He stepped onwards bravely.

Every step brought him nearer to London, further from his own sober inartistic life. A light began to tremble on the horizon of his mind. He was not so old – thirty-two. His temperament might be said to be just at the point of maturity. There were so many different moods and impressions that he wished to express in verse. He felt them within him. He tried to weigh his soul to see if it was a poet's soul. Melancholy was the dominant note of his temperament, he thought, but it was a melancholy tempered by recurrences of faith and resignation and simple joy. If he could give expression to it in a book of poems perhaps men would listen. He would never be popular: he saw that. He could not sway the crowd, but he might appeal to a little circle of kindred minds. The English critics, perhaps, would recognize him as one of the Celtic school by reason of the melancholy tone of his poems; besides that, he would put in allusions. He began to invent sentences and phrases from the

ten Mänteln aneinanderkauerten und, vom Anblick des Sonnenuntergangs wie gelähmt, auf die erste Kühle der Nacht warteten, die ihnen das Zeichen geben würde aufzustehen, sich zu schütteln und ihrer Wege zu gehen. Er überlegte, ob er diese Eindrücke wohl in ein Gedicht fassen könnte. Vielleicht könnte Gallaher es dann in einer Londoner Zeitung drucken lassen. Ob er fähig war, etwas Einzigartiges zu schreiben? Er war nicht sicher, welchen Gedanken er auszudrücken wünschte, doch das Gefühl, dass ein dichterischer Augenblick ihn gestreift habe, lebte in ihm auf wie eine erwachende Hoffnung. Unerschrocken schritt er voran.

Mit jedem Schritt kam er London näher, entfernte er sich von seinem eigenen nüchternen, unkünstlerischen Dasein. Ein Licht schimmerte am Horizont seiner Gedanken auf. Er war noch nicht alt – zweiunddreißig. Man könnte sagen, seine Ausdruckskraft habe nun erst ihre volle Reife erlangt. Es gab so viele verschiedene Stimmungen und Eindrücke, die er gerne in Verse kleiden würde. Er konnte sie in seinem Inneren spüren. Er versuchte zu prüfen, ob seine Seele die Seele eines Dichters sei. Melancholie war der vorherrschende Zug seines Wesens, überlegte er, eine Melancholie jedoch, die immer wieder von Hoffnung, Ergebenheit und bescheidenen Freuden gemildert wurde. Wenn er dem in einem Gedichtband Ausdruck verleihen könnte, würde man ihm vielleicht zuhören. Populär würde er nie, das wusste er. Ein breites Publikum konnte er nicht begeistern, doch vielleicht könnte er einen kleinen Kreis Gleichgesinnter ansprechen. Möglich, dass die Kritiker in England in ihm einen Dichter der Keltischen Schule erblickten wegen der Schwermut seiner Gedichte, in die er auch einige Andeutungen einstreuen würde. Er

notice which his book would get. *Mr Chandler has the gift of easy and graceful verse ... A wistful sadness pervades these poems ... The Celtic note.* It was a pity his name was not more Irish-looking. Perhaps it would be better to insert his mother's name before the surname: Thomas Malone Chandler, or better still: T. Malone Chandler. He would speak to Gallaher about it.

He pursued his reverie so ardently that he passed his street and had to turn back. As he came near Corless's his former agitation began to overmaster him and he halted before the door in indecision. Finally he opened the door and entered.

The light and noise of the bar held him at the doorway for a few moments. He looked about him, but his sight was confused by the shining of many red and green wineglasses. The bar seemed to him to be full of people and he felt that the people were observing him curiously. He glanced quickly to right and left (frowning slightly to make his errand appear serious), but when his sight cleared a little he saw that nobody had turned to look at him: and there, sure enough, was Ignatius Gallaher leaning with his back against the counter and his feet planted far apart.

"Hallo, Tommy, old hero, here you are! What is it to be? What will you have? I'm taking whisky: better stuff than we get across the water. Soda? Lithia? No mineral? I'm the same. Spoils the flavour ... Here, *garçon*, bring us

begann, sich Sätze und Formulierungen aus künftigen Besprechungen seiner Bücher auszudenken. *Mr Chandlers Verse sind leicht und anmutig ... Trauer und Schwermut bestimmen die Gedichte ... Der keltische Ton.* Schade, dass sein Name nicht irischer aussah. Vielleicht sollte er vor seinem Nachnamen den Namen seiner Mutter einfügen: Thomas Malone Chandler – oder besser noch: T. Malone Chandler. Er würde mit Gallaher darüber reden.

Diesen Träumereien folgte er so blind, dass er an seiner Abzweigung vorbeilief und umkehren musste. Als er sich Corless näherte, wurde er wieder von seiner alten Erregung überwältigt, und unschlüssig blieb er vor der Tür stehen. Schließlich öffnete er und trat ein.

Das Licht und der Lärm der Bar ließen ihn einige Augenblicke an der Schwelle verharren. Er schaute umher, doch das Funkeln der vielen roten und grünen Weingläser blendete ihn. Der Schankraum schien voller Menschen zu sein, und es kam ihm so vor, als ob diese Menschen ihn neugierig anstarrten. Rasch blinzelte er nach rechts und links, die Stirn leicht gerunzelt, so als sei er in einer wichtigen Sache hier, doch als sein Blick klarer wurde, merkte er, dass niemand sich nach ihm umgedreht hatte. Und tatsächlich, dort war Ignatius Gallaher, der breitbeinig mit dem Rücken an der Theke lehnte.

«Hallo, Tommy, alter Held, da bist du ja! Was darf's denn sein? Was nimmst du? Für mich 'nen Whiskey: besseres Zeug als das, was wir drüben am anderen Ufer kriegen. Soda? Wasser? Kein Wasser? Genau wie ich. Verdirbt den Geschmack .... Hallo, *garçon*, sei so gut und bring uns zwei kleine Malz-

two halves of malt whisky, like a good fellow … Well, and how have you been pulling along since I saw you last? Dear God, how old we're getting! Do you see any signs of ageing in me – eh, what? A little grey and thin on the top – what?"

Ignatius Gallaher took off his hat and displayed a large closely cropped head. His face was heavy, pale and clean shaven. His eyes, which were of bluish slate-colour, relieved his unhealthy pallor and shone out plainly above the vivid orange tie he wore. Between these rival features the lips appeared very long and shapeless and colourless. He bent his head and felt with two sympathetic fingers the thin hair at the crown. Little Chandler shook his head as a denial. Ignatius Gallaher put on his hat again.

"It pulls you down," he said, "Press life. Always hurry and scurry, looking for copy and sometimes not finding it: and then, always to have something new in your stuff. Damn proofs and printers, I say, for a few days. I'm deuced glad, I can tell you, to get back to the old country. Does a fellow good, a bit of a holiday. I feel a ton better since I landed again in dear, dirty Dublin … Here you are, Tommy. Water? Say when."

Little Chandler allowed his whisky to be very much diluted.

"You don't know what's good for you, my boy," said Ignatius Gallaher. "I drink mine neat."

"I drink very little as a rule," said Little Chandler modestly. "An odd half-one or so when I meet any of the old crowd: that's all."

whiskey … Na, und was hast du so getrieben, seit ich dich das letzte Mal gesehen habe? Gütiger Himmel, wie alt man doch wird! Aber sieht man mir das Alter etwa an, hm? Bisschen grau und schütter geworden da oben, was?»

Ignatius Gallaher nahm seinen Hut ab und entblößte einen mächtigen, kurzgeschorenen Schädel. Sein Gesicht war großflächig, blass und glattrasiert. Seine Augen, die die Farbe von bläulichem Schiefer hatten, hoben sich von der ungesunden Blässe ab und leuchteten klar über seiner grellorangen Krawatte. Zwischen diesen auffälligen Kennzeichen schienen seine Lippen sehr schmal und ohne Form und Farbe. Er neigte den Kopf und befühlte liebevoll mit zwei Fingern sein dünnes Haupthaar. Little Chandler schüttelte verneinend den Kopf. Ignatius Gallaher setzte seinen Hut wieder auf.

«Das nimmt einen mit», sagte er, «dieses Zeitungsleben. Immer auf Jagd nach einer Geschichte, und oft findest du keine. Und immer sollst du was Neues bringen. Aber für die nächsten Tage soll der Teufel alle Korrekturfahnen und Drucker holen! Ich bin mächtig froh, sag ich dir, mal wieder hier in der Heimat zu sein. Tut einem gut, so ein bisschen Urlaub. Mir geht's Meilen besser, seit ich wieder im lieben, schmutzigen Dublin an Land gegangen bin … Hier, nimm, Tommy. Wasser? Sag halt.»

Little Chandler ließ sich seinen Whiskey mit sehr viel Wasser verdünnen.

«Du weißt nicht, was dir gut tut, alter Junge», sagte Ignatius Gallaher. «Ich trink meinen pur.»

«Ich trinke grundsätzlich sehr wenig», erklärte Little Chandler bescheiden. «Ab und zu mal ein Halbes, wenn ich jemanden von der alten Garde treffe. Mehr nicht.»

"Ah, well," said Ignatius Gallaher, cheerfully, "here's to us and to old times and old acquaintance."

They clinked glasses and drank the toast.

"I met some of the old gang today," said Ignatius Gallaher. "O'Hara seems to be in a bad way. What's he doing?"

"Nothing," said Little Chandler. "He's gone to the dogs."

"But Hogan has a good sit, hasn't he?"

"Yes; he's in the Land Commission."

"I met him one night in London and he seemed to be very flush. … Poor O'Hara! Booze, I suppose?"

"Other things, too," said Little Chandler shortly.

Ignatius Gallaher laughed.

"Tommy," he said, "I see you haven't changed an atom. You're the very same serious person that used to lecture me on Sunday mornings when I had a sore head and a fur on my tongue. You'd want to knock about a bit in the world. Have you never been anywhere even for a trip?"

"I've been to the Isle of Man," said Little Chandler.

Ignatius Gallaher laughed.

"The Isle of Man!" he said. "Go to London or Paris: Paris, for choice. That'd do you good."

"Have you seen Paris?"

"I should think I have! I've knocked about there a little."

"And is it really so beautiful as they say?" asked Little Chandler.

«Na denn», rief Ignatius Gallaher gutgelaunt, «also auf uns beide und auf die gute alte Zeit und auf die alte Freundschaft!»

Sie stießen an und tranken auf ihr Wohl.

«Ich hab heute einige von früher getroffen», berichtete Ignatius Gallaher. «O'Hara scheint übel dran zu sein. Was macht er?»

«Nichts», sagte Little Chandler. «Er ist auf den Hund gekommen.»

«Aber Hogan hat einen guten Posten, oder?»

«Ja, er sitzt in der Land Commission.»

«Ich hab ihn mal abends in London getroffen, da schien er ganz gut bei Kasse zu sein … Armer O'Hara! Säuft, nehme ich an?»

«Unter anderem», sagte Little Chandler knapp.

Ignatius Gallaher lachte.

«Tommy», sagte er, «ich sehe, du hast dich keinen Deut verändert. Bist noch genauso bierernst wie damals, als du mir sonntagmorgens Strafpredigten gehalten hast, wenn ich mal wieder einen dicken Kopf und eine pelzige Zunge hatte. Du solltest dich ein bisschen in der Welt herumtreiben. Warst du denn noch nie weg, nicht mal zu einem Ausflug?»

«Ich war mal auf der Insel Man», sagte Little Chandler.

Ignatius Gallaher lachte.

«Auf der Insel Man!», rief er. «Geh nach London oder Paris: Paris, wenn du die Wahl hast. Das würde dir guttun.»

«Kennst du denn Paris?»

«Kann man sagen! Ich hab mich dort ein wenig umgesehen.»

«Und ist es wirklich so schön, wie alle sagen?», fragte Little Chandler.

He sipped a little of his drink while Ignatius Gallaher finished his boldly.

"Beautiful?" said Ignatius Gallaher, pausing on the word and on the flavour of his drink. "It's not so beautiful, you know. Of course it is beautiful ... But it's the life of Paris; that's the thing. Ah. there's no city like Paris for gaiety, movement, excitement ..."

Little Chandler finished his whisky and, after some trouble, succeeded in catching the barman's eye. He ordered the same again.

"I've been to the Moulin Rouge," Ignatius Gallaher continued when the barman had removed their glasses, "and I've been to all the Bohemian cafés. Hot stuff! Not for a pious chap like you, Tommy."

Little Chandler said nothing until the barman returned with two glasses: then he touched his friend's glass lightly and reciprocated the former toast. He was beginning to feel somewhat disillusioned. Gallaher's accent and way of expressing himself did not please him. There was something vulgar in his friend which he had not observed before. But perhaps it was only the result of living in London amid the bustle and competition of the Press. The old personal charm was still there under this new gaudy manner. And, after all, Gallaher had lived, he had seen the world. Little Chandler looked at his friend enviously.

"Everything in Paris is gay," said Ignatius Gallaher. "They believe in enjoying life – and don't you think they're right? If you want to

Er nippte an seinem Glas, während Ignatius Gallaher seines in einem Zug leerte.

«Schön?», fragte Ignatius Gallaher und sann über dieses Wort und den Geschmack seines Whiskeys nach. «So schön ist es nun auch wieder nicht. Sicher, es ist ganz schön … aber es ist das Pariser Leben, worauf es ankommt. Tja, da kann keine Stadt mithalten, mit der Heiterkeit, dem Schwung, der Lebenslust von Paris …»

Little Chandler trank seinen Whiskey aus, und mit einiger Mühe gelang es ihm schließlich, den Blick des Barmanns auf sich zu lenken. Er bestellte dasselbe noch einmal.

«Ich bin im Moulin Rouge gewesen», fuhr Ignatius Gallaher fort, als der Kellner ihre Gläser abgeräumt hatte, «und in sämtlichen Künstlercafés. Flotte Sache! Aber nichts für einen braven Kerl wie dich, Tommy.»

Little Chandler schwieg, bis der Barmann mit den beiden Gläsern zurückkam. Dann stieß er sachte mit dem Freund an und wiederholte dessen Trinkspruch. Allmählich fühlte er sich recht ernüchtert. Gallahers Redeweise und die Art, wie er sich ausdrückte, gefielen ihm nicht. Er entdeckte an seinem Freund einen gewöhnlichen Zug, der ihm früher nie aufgefallen war. Doch vielleicht waren nur das betriebsame Londoner Leben und der Konkurrenzkampf bei der Presse daran schuld. Unter diesem neuen, großspurigen Gehabe war ja immer noch sein alter Charme zu spüren. Und immerhin – Gallaher hatte das Leben kennengelernt, er hatte etwas von der Welt gesehen. Little Chandler warf seinem Freund einen neidvollen Blick zu.

«In Paris, da geht es hoch her», bemerkte Ignatius Gallaher. «Dort genießt man das Leben in vollen Zügen – und findest du nicht auch, dass sie recht haben?

enjoy yourself properly you must go to Paris. And, mind you, they've a great feeling for the Irish there. When they heard I was from Ireland they were ready to eat me, man."

Little Chandler took four or five sips from his glass.

"Tell me," he said, "is it true that Paris is so ... immoral as they say?"

Ignatius Gallaher made a catholic gesture with his right arm.

"Every place is immoral," he said. "Of course you do find spicy bits in Paris. Go to one of the students' balls, for instance. That's lively, if you like, when the *cocottes* begin to let themselves loose. You know what they are, I suppose?"

"I've heard of them," said Little Chandler.

Ignatius Gallaher drank off his whisky and shook his head.

"Ah," he said, "you may say what you like. There's no woman like the Parisienne – for style, for go."

"Then it is an immoral city," said Little Chandler, with timid insistence – "I mean, compared with London or Dublin?"

"London!" said Ignatius Gallaher. "It's six of one and half-a-dozen of the other. You ask Hogan, my boy. I showed him a bit about London when he was over there. He'd open your eye ... I say, Tommy, don't make punch of that whisky: liquor up."

"No, really ..."

"O, come on, another one won't do you any harm. What is it? The same again, I suppose?"

Wenn du dich mal so richtig amüsieren willst, musst du nach Paris gehen. Außerdem ist man dort richtig verrückt nach uns Iren. Mensch, als die gehört haben, dass ich aus Irland komme, waren sie ganz scharf auf mich.»

Little Chandler nippte vier-, fünfmal an seinem Glas.

«Sag mal», fragte er, «stimmt es, dass Paris so … sittenlos ist, wie man sagt?»

Ignatius Gallaher machte eine weit ausholende Bewegung mit dem rechten Arm.

«Sittenlos ist es überall», sagte er. «Natürlich hat Paris seine lasterhaften Ecken. Geh zum Beispiel mal auf so einen Studentenball. Da geht's hoch her, sag ich dir, wenn die Kokotten erst richtig loslegen. Du weißt doch, was Kokotten sind, oder?»

«Ich hab davon gehört», sagte Little Chandler.

Ignatius Gallaher trank seinen Whiskey aus und schüttelte den Kopf.

«Nein», sagte er, «da kannst du sagen, was du willst. Keine Frau ist so wie die Parisienne. Dieser Stil, dieser Schwung.»

«Dann ist es also doch eine sittenlose Stadt», warf Little Chandler mit schüchterner Beharrlichkeit ein, «verglichen mit London oder Dublin, meine ich?»

«London!», rief Ignatius Gallaher aus. «Das ist doch dasselbe in Grün. Frag nur mal Hogan, mein Junge. Ich habe ihn ein wenig herumgeführt, als er drüben war. Der würde dir die Augen öffnen … Na, Tommy, mach keinen Punsch aus deinem Whiskey: Hoch die Tassen!»

«Nein, wirklich nicht …»

«Ach, komm schon, einer mehr wird dir nicht schaden. Was nimmst du? Nochmal dasselbe, nehme ich an?»

"Well … all right."

"*François,* the same again … Will you smoke, Tommy?"

Ignatius Gallaher produced his cigar-case. The two friends lit their cigars and puffed at them in silence until their drinks were served.

"I'll tell you my opinion," said Ignatius Gallaher, emerging after some time from the clouds of smoke in which he had taken refuge, "it's a rum world. Talk of immorality! I've heard of cases – what am I saying? – I've known them: cases of … immorality …"

Ignatius Gallaher puffed thoughtfully at his cigar and then, in a calm historian's tone, he proceeded to sketch for his friend some pictures of the corruption which was rife abroad. He summarized the vices of many capitals and seemed inclined to award the palm to Berlin. Some things he could not vouch for (his friends had told him), but of others he had had personal experience. He spared neither rank nor caste. He revealed many of the secrets of religious houses on the Continent and described some of the practices which were fashionable in high society, and ended by telling, with details, a story about an English duchess – a story which he knew to be true. Little Chandler was astonished.

"Ah, well," said Ignatius Gallaher, "here we are in old jog-along Dublin where nothing is known of such things."

"How dull you must find it," said Little Chandler, "after all the other places you've seen!"

"Well," said Ignatius Gallaher, "it's a relax-

« Nun ... also gut. »

«*François*, nochmal dasselbe! ... Willst du rauchen, Tommy? »

Ignatius Gallaher suchte sein Zigarrenetui hervor. Die beiden Freunde zündeten sich ihre Zigarren an und pafften schweigend, bis ihre Getränke serviert wurden.

« Ich will dir mal was sagen », begann Ignatius Gallaher und tauchte aus den Rauchwolken auf, in die er sich für eine Weile gehüllt hatte, « es ist schon eine komische Welt. Was die Sittenlosigkeit betrifft: Ich habe von Fällen gehört – besser gesagt, habe welche erlebt: Fälle von ... Sittenlosigkeit ... »

Ignatius Gallaher zog versonnen an seiner Zigarre und begann, seinem Freund im sachlichen Ton eines Geschichtsschreibers ein Bild der Verderbtheit zu entwerfen, die sich im Ausland ausgebreitet hatte. Er zählte die Laster vieler Hauptstädte auf, wobei er Berlin an oberste Stelle setzte. Für einiges konnte er sich nicht verbürgen (Freunde hatten es ihm erzählt), doch andere Dinge hatte er selbst erlebt. Er verschonte keinen Rang und keine soziale Schicht. Er enthüllte allerhand Geheimnisse von Klöstern auf dem Kontinent, beschrieb einige Praktiken, die in der feinen Gesellschaft im Schwange waren und schloss mit einer in Einzelheiten gehenden Geschichte über eine englische Herzogin – eine Geschichte, von der er genau wusste, dass sie stimmte. Little Chandler staunte.

« Na ja », schloss Ignatius Gallaher, « und wir sitzen hier im alten Dublin, wo alles seinen Trott geht und niemand von solchen Dingen eine Ahnung hat. »

« Wie eintönig es dir hier vorkommen muss nach allem, was du gesehen hast! »

« Ach, weißt du », entgegnete Ignatius Gallaher, « es

ation to come over here, you know. And, after all, it's the old country, as they say, isn't it? You can't help having a certain feeling for it. That's human nature … But tell me something about yourself. Hogan told me you had … tasted the joys of connubial bliss. Two years ago, wasn't it?"

Little Chandler blushed and smiled.

"Yes," he said. "I was married last May twelve months."

"I hope it's not too late in the day to offer my best wishes," said Ignatius Gallaher. "I didn't know your address or I'd have done so at the time."

He extended his hand, which Little Chandler took.

"Well, Tommy," he said, "I wish you and yours every joy in life, old chap, and tons of money, and may you never die till I shoot you. And that's the wish of a sincere friend, an old friend. You know that?"

"I know that," said Little Chandler.

"Any youngsters?" said Ignatius Gallaher.

Little Chandler blushed again.

"We have one child," he said.

"Son or daughter?"

"A little boy."

Ignatius Gallaher slapped his friend sonorously on the back.

"Bravo," he said, "I wouldn't doubt you, Tommy."

Little Chandler smiled, looked confusedly at his glass and bit his lower lip with three childishly white front teeth.

ist eine Erholung, hier herüberzukommen. Und schließlich ist es ja die traute Heimat, wie man so schön sagt, nicht? Da kann man nicht umhin, sich verbunden zu fühlen. Das liegt in der Natur des Menschen. … Aber jetzt erzähl mal von dir. Hogan hat gesagt, du hättest von den … Freuden des Ehestandes gekostet. Seit zwei Jahren, nicht wahr?»

Little Chandler wurde rot und lächelte.

«Ja», sagte er. «Ich habe im Mai vor einem Jahr geheiratet.»

«Ich hoffe, es ist noch nicht zu spät, dir meine besten Glückwünsche auszusprechen», sagte Ignatius Gallaher. «Ich wusste deine Adresse nicht, sonst hätte ich das schon damals getan.»

Er streckte die Hand aus, und Little Chandler ergriff sie.

«Also, Tommy», sagte er, «ich wünsche dir und der Deinen alles erdenklich Gute im Leben, alter Knabe, und haufenweise Geld, und mögest du nicht sterben, bevor ich dich erschieße. Das sind die Wünsche eines aufrichtigen Freundes, eines alten Freundes. Das weißt du doch?»

«Das weiß ich», bestätigte Little Chandler.

«Wie steht's mit Nachwuchs?», erkundigte sich Ignatius Gallaher.

Little Chandler errötete erneut.

«Wir haben ein Kind», sagte er.

«Sohn oder Tochter?»

«Einen kleinen Jungen.»

Ignatius Gallaher klopfte seinem Freund auf den Rücken, dass es dröhnte.

«Bravo!», rief er. «Ich hab ja nie an dir gezweifelt.»

Little Chandler lächelte, schaute verwirrt in sein Glas und biss sich mit drei kindlich-weißen Schneidezähnen auf die Unterlippe.

"I hope you'll spend an evening with us," he said, "before you go back. My wife will be delighted to meet you. We can have a little music and …"

"Thanks awfully, old chap," said Ignatius Gallaher, "I'm sorry we didn't meet earlier. But I must leave tomorrow night."

"Tonight, perhaps …?"

"I'm awfully sorry, old man. You see I'm over here with another fellow, clever young chap he is too, and we arranged to go to a little card-party. Only for that …"

"O, in that case …"

"But who knows?" said Ignatius Gallaher considerately. "Next year I may take a little skip over here now that I've broken the ice. It's only a pleasure deferred."

"Very well," said Little Chandler, "the next time you come we must have an evening together. That's agreed now, isn't it?"

"Yes, that's agreed," said Ignatius Gallaher. "Next year if I come, *parole d'honneur.*"

"And to clinch the bargain," said Little Chandler, "we'll just have one more now."

Ignatius Gallaher took out a large gold watch and looked at it.

"Is it to be the last?" He said. "Because you know, I have an a. p."

"O, yes, positively," said Little Chandler.

"Very well, then," said Ignatius Gallaher, "let us have another one as a *deoc an doruis* – that's good vernacular for a small whisky, I believe."

« Ich hoffe, du besuchst uns mal abends, bevor du wieder abreist. Meine Frau würde sich freuen, dich kennenzulernen. Wir könnten ein wenig Musik machen, und dann … »

« Tausend Dank, alter Junge », erwiderte Ignatius Gallaher. « Wirklich schade, dass wir uns nicht früher getroffen haben. Aber ich muss schon morgen Abend fahren. »

« Heute Abend vielleicht … ? »

« Tut mir furchtbar leid, altes Haus. Aber weißt du, ich bin da mit einem anderen herübergekommen – auch ein recht gewitzter Kerl – und wir wollen heute Abend eine Runde Karten spielen gehen. Wenn das nicht wäre … »

« Oh, in diesem Fall … »

« Doch wer weiß ? », lenkte Ignatius Gallaher ein. « Vielleicht komme ich ja nächstes Jahr wieder auf einen Sprung herüber, jetzt, wo das Eis gebrochen ist. Aufgeschoben ist nicht aufgehoben. »

« Also gut », sagte Little Chandler, « wenn du das nächste Mal kommst, müssen wir unbedingt einen Abend zusammen verbringen. Das ist abgemacht, nicht wahr ? »

« Ja, abgemacht », sagte Ignatius Gallaher. « Wenn ich nächstes Jahr wiederkomme, *parole d'honneur.* »

« Und um die Sache perfekt zu machen », sagte Little Chandler, « lass uns jetzt noch einen darauf trinken. »

Ignatius Gallaher zog eine große goldene Taschenuhr hervor und warf einen Blick darauf.

« Das ist aber der letzte ! », sagte er. « Ich hab nämlich noch eine Verabredung. »

« O ja, selbstverständlich », sagte Little Chandler.

« Also gut », meinte Ignatius Gallaher, « dann lass uns noch einen trinken, als *deoc an doruis* – wie man in der Landessprache für einen kleinen Whiskey sagt, soviel ich weiß. »

Little Chandler ordered the drinks. The blush which had risen to his face a few moments before was establishing itself. A trifle made him blush at any time: and now he felt warm and excited. Three small whiskies had gone to his head and Gallaher's strong cigar had confused his mind, for he was a delicate and abstinent person. The adventure of meeting Gallaher after eight years, of finding himself with Gallaher in Corless's surrounded by lights and noise, of listening to Gallaher's stories and of sharing for a brief space Gallaher's vagrant and triumphant life, upset the equipoise of his sensitive nature. He felt acutely the contrast between his own life and his friend's, and it seemed to him unjust. Gallaher was his inferior in birth and education. He was sure that he could do something better than his friend had ever done, or could ever do, something higher than mere tawdry journalism if he only got the chance. What was it that stood in his way? His unfortunate timidity! He wished to vindicate himself in some way, to assert his manhood. He saw behind Gallaher's refusal of his invitation. Gallaher was only patronizing him by his friendliness just as he was patronizing Ireland by his visit.

The barman brought their drinks. Little Chandler pushed one glass towards his friend and took up the other boldly.

"Who knows?" he said, as they lifted their glasses. "When you come next year I may have the pleasure of wishing long life and happiness to Mr and Mrs Ignatius Gallaher."

Little Chandler bestellte die Getränke. Die Röte, die ihm einige Augenblicke zuvor ins Gesicht gestiegen war, wich jetzt nicht mehr. Selbst Kleinigkeiten ließen ihn jederzeit erröten; und jetzt fühlte er sich warm und aufgeregt. Die drei kleinen Whiskeys waren ihm zu Kopf gestiegen, und Gallahers starke Zigarre verwirrte seine Gedanken, denn er war ein empfindlicher und enthaltsamer Mensch. Das Erlebnis, Gallaher nach acht Jahren wiederzutreffen, sich mit ihm bei Corless inmitten von Lichtern und Lärm wiederzufinden, Gallahers Geschichten zu lauschen und für einen flüchtigen Augenblick sein unstetes, glanzvolles Leben zu teilen, brachte seine empfindsame Natur aus dem Gleichgewicht. Schmerzlich wurde ihm die Kluft zwischen seinem eigenen Leben und dem des Freundes bewusst, und es erschien ihm ungerecht. Gallaher war ihm in Herkunft und Bildung unterlegen. Er war sicher, dass er mehr erreichen könnte, als sein Freund erreicht hatte oder je erreichen würde, etwas Höheres als billigen Journalismus, wenn er nur die Gelegenheit dazu bekäme. Was war es, was ihm im Weg stand? Seine unglückselige Schüchternheit! Er hatte das Verlangen, sich zu rechtfertigen, irgendwie zu zeigen, dass er ein Mann war. Er durchschaute Gallahers Ablehnung seiner Einladung. Gallaher behandelte ihn durch seine Freundlichkeit herablassend, so wie auch sein Besuch in Irland eine Art Herablassung war.

Der Barmann brachte die Getränke. Little Chandler schob seinem Freund eines der Gläser hinüber und griff beherzt nach dem anderen.

« Wer weiß? », sagte er, als sie die Gläser erhoben. « Wenn du im nächsten Jahr zurückkommst, werde ich vielleicht das Vergnügen haben, Mr und Mrs Ignatius Gallaher ein langes Leben und viel Glück zu wünschen. »

Ignatius Gallaher in the act of drinking closed one eye expressively over the rim of his glass. When he had drunk, he smacked his lips decisively, set down his glass and said:

"No blooming fear of that, my boy, I'm going to have my fling first and see a bit of life and the world before I put my head in the sack – if I ever do."

"Some day you will," said Little Chandler calmly.

Ignatius Gallaher turned his orange tie and slate-blue eyes full upon his friend.

"You think so?" he said.

"You'll put your head in the sack," repeated Littie Chandler stoutly, "like everyone else if you can find the girl."

He had slightly emphasized his tone, and he was aware that he had betrayed himself; but, though the colour had heightened in his cheek, he did not flinch from his friend's gaze. Ignatius Gallaher watched him for a few moments and then said:

"If ever it occurs, you may bet your bottom dollar there'll be no mooning and spooning about it. I mean to marry money. She'll have a good fat account at the bank or she won't do for me."

Little Chandler shook his head.

"Why, man alive," said Ignatius Gallaher, vehemently, "do you know what it is? I've only to say the word and tomorrow I can have the woman and the cash. You don't believe it? Well, I know it. There are hundreds – what am I

Gallaher zwinkerte, während er trank, verschmitzt über den Rand seines Glases hinweg. Als er ausgetrunken hatte, schnalzte er entschieden mit den Lippen, setzte sein Glas ab und sagte:

«Da besteht nicht die geringste Gefahr, mein Lieber. Erst will ich meinen Spaß haben und ein bisschen was vom Leben und von der Welt sehen, bevor ich mich unters Ehejoch beuge – wenn überhaupt!»

«Eines Tages ganz bestimmt», entgegnete Little Chandler ruhig.

Ignatius Gallaher wandte seine orangefarbene Krawatte und seine schieferfarbenen Augen ganz seinem Freund zu.

«Glaubst du?», fragte er.

«Du kommst unters Ehejoch wie alle anderen», wiederholte Little Chandler hartnäckig, «sobald du die Richtige gefunden hast.»

Er hatte seinen Worten leichten Nachdruck verliehen und wusste, dass er sich verraten hatte; doch obwohl die Röte in seinem Gesicht noch tiefer geworden war, wich er dem Blick des Freundes nicht aus. Ignatius Gallaher betrachtete ihn einen Augenblick, dann sagte er:

«Und sollte es jemals geschehen, kannst du deinen letzten Heller darauf verwetten, dass ich keinen Liebesschwärmereien nachhängen werde. Ich habe vor, Geld zu heiraten. Entweder sie hat ein schönes dickes Bankkonto, oder sie ist nichts für mich.»

Little Chandler schüttelte den Kopf.

«Meine Güte», sagte Ignatius Gallaher heftig, «was denkst du denn? Ich brauche nur ein Wort zu sagen, und morgen kann ich die Frau und das Bargeld kassieren. Glaubst du wohl nicht? Na, ich weiß es aber. Es gibt Hunderte – was sag ich – Tausende von reichen

saying? – thousands of rich Germans and Jews, rotten with money, that'd only be too glad … You wait a while, my boy. See if I don't play my cards properly. When I go about a thing I mean business, I tell you. You just wait."

He tossed his glass to his mouth, finished his drink and laughed loudly. Then he looked thoughtfully before him and said in a calmer tone:

"But I'm in no hurry. They can wait. I don't fancy tying myself up to one woman, you know."

He imitated with his mouth the act of tasting and made a wry face.

"Must get a bit stale, I should think," he said.

Little Chandler sat in the room off the hall, holding a child in his arms. To save money they kept no servant, but Annie's young sister Monica came for an hour or so in the morning and an hour or so in the evening to help. But Monica had gone home long ago. It was a quarter to nine. Little Chandler had come home late for tea and, moreover, he had forgotten to bring Annie home the parcel of coffee from Bewley's. Of course she was in a bad humour and gave him short answers. She said she would do without any tea, but when it came near the time at which the shop at the corner closed she decided to go out herself for a quarter of a pound of tea and two pounds of sugar. She put the sleeping child deftly in his arms and said:

"Here. Don't waken him."

A little lamp with a white china shade stood upon the table and its light fell over a photo-

Deutschen und Jüdinnen, die im Geld schwimmen und nur darauf warten ... Wart nur ab, alter Junge, wirst sehen, dass meine Rechnung aufgeht. Wenn ich etwas anpacke, dann aber richtig, das sag ich dir. Wart nur ab. »

Er hob schwungvoll sein Glas, trank aus und lachte schallend. Dann blickte er nachdenklich vor sich hin und sagte in ruhigerem Ton:

« Ich hab's nicht eilig. Die können warten. Ich halte nichts davon, mich an eine einzige Frau zu binden, weißt du. »

Er bewegte die Lippen, als wolle er etwas abschmecken, und verzog vielsagend das Gesicht.

« Wird auf die Dauer fad, denk ich mir. »

Little Chandler saß im Zimmer neben der Diele und hielt ein Kind im Arm. Sie hatten kein Hausmädchen, da sie sparen mussten, doch Annies jüngere Schwester Monica kam für etwa eine Stunde am Morgen und am Abend, um auszuhelfen. Aber Monica war schon längst nach Hause gegangen. Es war Viertel vor neun. Little Chandler war zu spät zum Abendessen gekommen und hatte obendrein vergessen, für Annie das Päckchen Kaffee von Bewley's mitzubringen. Nun hatte sie natürlich üble Laune und war kurz angebunden. Sie brauche kein Abendessen, sagte sie, doch als die Zeit näherrückte, zu der der Laden an der Ecke zumachte, beschloss sie, selbst hinzugehen und ein Viertelpfund Tee und zwei Pfund Zucker zu kaufen. Geschickt legte sie ihm das schlafende Kind in die Arme und sagte:

« Hier! Aber weck ihn nicht auf! »

Auf dem Tisch stand eine kleine Lampe mit weißem Porzellanschirm, deren Licht auf eine Fotografie fiel, die

graph which was enclosed in a frame of crumpled horn. It was Annie's photograph. Little Chandler looked at it, pausing at the thin tight lips. She wore the pale blue summer blouse which he had brought her home as a present one Saturday. It had cost him ten and elevenpence; but what an agony of nervousness it had cost him! How he had suffered that day, waiting at the shop door until the shop was empty, standing at the counter and trying to appear at his ease while the girl piled ladies' blouses before him, paying at the desk and forgetting to take up the odd penny of his change, being called back by the cashier, and finally, striving to hide his blushes as he left the shop by examining the parcel to see if it was securely tied. When he brought the blouse home Annie kissed him and said it was very pretty and stylish; but when she heard the price she threw the blouse on the table and said it was a regular swindle to charge ten and elevenpence for it. At first she wanted to take it back, but when she tried it on she was delighted with it, especially with the make of the sleeves, and kissed him and said he was very good to think of her.

Hm! ...

He looked coldly into the eyes of the photograph and they answered coldly. Certainly they were pretty and the face itself was pretty. But he found something mean in it. Why was it so unconscious and ladylike? The composure of the eyes irritated him. They repelled him and defied him: there was no passion in them, no rapture.

in einem verzogenen Hornrahmen steckte. Es war ein
Foto von Annie. Little Chandler betrachtete es, und sein
Blick blieb an den schmalen, fest geschlossenen Lippen
hängen. Sie trug die blassblaue Sommerbluse, die er
ihr einmal an einem Samstag mitgebracht hatte. Zehn
Schilling und elf Pence hatte er dafür bezahlt; doch welch
qualvolle Aufregung ihn der Kauf darüber hinaus noch
gekostet hatte! Wie er an diesem Tag gelitten hatte,
als er wartend vor der Ladentür stand, bis niemand
mehr im Geschäft war, wie er sich dann am Ladentisch
bemühte, gelassen zu wirken, während das Mädchen die
Damenblusen vor ihm ausbreitete, wie er an der Kasse
bezahlte und den Penny Wechselgeld vergaß und der
Kassierer ihn zurückrief, und wie er schließlich beim
Verlassen des Ladens versuchte, seine Röte zu verber-
gen, indem er das Päckchen untersuchte, ob es auch fest
verschnürt war. Als er mit der Bluse nach Hause kam,
hatte Annie ihn geküsst und sie sehr hübsch und mo-
disch gefunden; doch als sie den Preis erfuhr, warf sie
die Bluse auf den Tisch und nannte es einen regelrech-
ten Schwindel, dafür zehn Schilling und elf Pence zu
verlangen. Sie hatte sie zurückgeben wollen, doch als sie
die Bluse dann anprobierte, war sie so begeistert, besonders vom Schnitt der Ärmel, dass sie ihn küsste und
sagte, wie lieb es von ihm sei, dass er an sie gedacht habe.

Hm! …

Kalt blickte er in die Augen auf dem Foto, und kalt
erwiderten sie den Blick. Gewiss waren sie hübsch, wie
auch das Gesicht hübsch war. Doch entdeckte er darin
auch eine Spur von Engherzigkeit. Warum war es so
teilnahmslos, so damenhaft? Der Gleichmut in diesen
Augen irritierte ihn. Sie wiesen ihn ab und widersetz-
ten sich ihm. Keine Leidenschaft, keine Verzückung

He thought of what Gallaher had said about rich Jewesses. Those dark Oriental eyes, he thought, how full they are of passion, of voluptuous longing! ... Why had he married the eyes in the photograph?

He caught himself up at the question and glanced nervously round the room. He found something mean in the pretty furniture which he had bought for his house on the hire system. Annie had chosen it herself and it reminded him of her. It too was prim and pretty. A dull resentment against his life awoke within him. Could he not escape from his little house? Was it too late for him to try to live bravely like Gallaher? Could he go to London? There was the furniture still to be paid for. If he could only write a book and get it published, that might open the way for him.

A volume of Byron's poems lay before him on the table. He opened it cautiously with his left hand lest he should waken the child and began to read the first poem in the book:

Hushed are the winds and still the evening gloom,
    Not e'en a Zephyr wanders through the grove,
Whilst I return to view my Margaret's tomb
    And scatter flowers on the dust I love.

He paused. He felt the rhythm of the verse about him in the room. How melancholy it was! Could he, too, write like that, express the melancholy of his soul in verse? There were so many things he wanted to describe: his sensa-

war darin zu erkennen. Ihm fiel ein, was Gallaher über reiche Jüdinnen gesagt hatte. Diese dunklen, orientalischen Augen, dachte er, so voller Leidenschaft, voll von hingebungsvollem Verlangen! … Warum nur hatte er die Augen auf dem Foto geheiratet?

Er ertappte sich bei diesen Gedanken und blickte unruhig im Zimmer umher. Auch an den hübschen Möbeln, die er für dieses Haus auf Raten gekauft hatte, entdeckte er etwas Engherziges. Annie hatte sie ausgesucht, und sie erinnerten ihn an sie. Auch die Möbel waren hübsch, aber spießig. Ein dumpfer Groll auf sein Leben erwachte in ihm. Konnte er diesem kleinen Haus denn nicht entfliehen? War es zu spät für ihn, ein verwegenes Leben wie das von Gallaher zu beginnen? Könnte er nach London gehen? Dort standen die Möbel, die abbezahlt werden mussten. Wenn er nur ein Buch schreiben und veröffentlichen könnte, würde ihm das den Weg ebnen.

Ein Band mit Byrons Gedichten lag vor ihm auf dem Tisch. Behutsam, um das Kind nicht aufzuwecken, schlug er das Buch mit der linken Hand auf und begann, das erste Gedicht darin zu lesen:

Still ist des Abends Dämmer, still die Luft,
*   Kein Zephir säuselt auch nur durch den Hain,*
Derweil ich nahe Margaretens Gruft,
*   Um Blumen dem geliebten Staub zu streun.*

Er hielt inne. Er spürte, wie der Rhythmus der Verse den Raum um ihn ausfüllte. Wie schwermütig sie waren! Ob er etwas Ähnliches schreiben und die Schwermut seiner Seele in Verse einfangen könnte? Es gab so viel, was er beschreiben wollte: zum Beispiel die Empfin-

tion of a few hours before on Grattan Bridge, for example. If he could get back again into that mood …

The child awoke and began to cry. He turned from the page and tried to hush it: but it would not be hushed. He began to rock it to and fro in his arms, but its wailing cry grew keener. He rocked it faster while his eyes began to read the second stanza:

Within this narrow cell reclines her clay,
  That clay where once …

It was useless. He couldn't read. He couldn't do anything. The wailing of the child pierced the drum of his ear. It was useless, useless! He was a prisoner for life. His arms trembled with anger and suddenly bending to the child's face he shouted:

"Stop!"

The child stopped for an instant, had a spasm of fright, and began to scream. He jumped up from his chair and walked hastily up and down the room with the child in his arms. It began to sob piteously, losing its breath for four or five seconds, and then bursting out anew. The thin walls of the room echoed the sound. He tried to soothe it, but it sobbed more convulsively. He looked at the contracted and quivering face of the child and began to be alarmed. He counted seven sobs without a break between them and caught the child to his breast in fright. If it died! …

dung, die er einige Stunden zuvor auf der Grattan Bridge gehabt hatte. Wenn er sich in diese Stimmung zurückversetzen könnte ...

Das Kind wachte auf und fing an zu schreien. Er sah von seinem Buch auf und versuchte, es zu beruhigen. Doch es wollte sich nicht beruhigen lassen. Er begann, es in seinen Armen hin- und herzuwiegen, doch das klägliche Weinen wurde schriller. Er wiegte es schneller, während seine Augen die zweite Strophe zu lesen begannen:

In dieser engen Zelle liegt der Staub,
  Den Leben einst durchglüht so frisch und rein ...

Es hatte keinen Sinn. Er konnte nicht lesen. Er konnte überhaupt nichts tun. Die Klagelaute des Kindes bohrten sich in sein Trommelfell. Es war sinnlos, sinnlos! Er war für den Rest seines Lebens ein Gefangener. Seine Arme zitterten vor Zorn, und plötzlich beugte er sich über das Gesicht des Kindes und schrie:

«Hör auf!»

Das Kind verstummte einen Augenblick, krampfte sich vor Schreck zusammen und fing an zu brüllen. Er sprang vom Stuhl auf und schritt hastig mit dem Kind im Arm im Zimmer auf und ab. Nun ließ es ein jämmerliches Schluchzen hören, schnappte vier oder fünf Sekunden nach Luft und fing von neuem an. Die dünnen Wände des Zimmers hallten von seinem Schreien wider. Er versuchte, es zu besänftigen, doch das Brüllen kam in immer heftigeren Stößen. Er blickte in das verzerrte, zitternde Gesicht des Kindes und bekam plötzlich Angst. Er zählte sieben Schluchzer hintereinander und presste das Kind angstvoll an seine Brust. Wenn es nun starb! ...

The door was burst open and a young woman ran in, panting.

"What is it? What is it?" she cried.

The child, hearing its mother's voice, broke out into a paroxysm of sobbing.

"It's nothing, Annie … it's nothing … He began to cry …"

She flung her parcels on the floor and snatched the child from him.

"What have you done to him?" she cried, glaring into his face.

Little Chandler sustained for one moment the gaze of her eyes and his heart closed together as he met the hatred in them. He began to stammer:

"It's nothing … He … he began to cry … I couldn't … I didn't do anything … What?"

Giving no heed to him she began to walk up and down the room, clasping the child tightly in her arms and murmuring:

"My little man! My little mannie! Was 'ou frightened, love? … There now, love! There now! … Lambabaun! Mamma's little lamb of the world! … There now!"

Little Chandler felt his cheeks suffused with shame and he stood back out of the lamplight. He listened while the paroxysm of the child's sobbing grew less and less; and tears of remorse started to his eyes.

Die Tür flog auf und eine junge Frau stürzte keuchend herein.

«Was ist los? Was ist passiert?», rief sie.

Als das Kind die Stimme seiner Mutter hörte, brach es in krampfartiges Schluchzen aus.

«Es ist nichts, Annie … es ist nichts … Er hat geweint …»

Sie warf ihre Päckchen auf den Boden und entriss ihm das Kind.

«Was hast du mit ihm gemacht?», rief sie und funkelte ihn an.

Little Chandler hielt ihrem starren Blick einen Moment stand, und sein Herz zog sich zusammen, als er den Hass darin erkannte. Er fing an zu stammeln:

«Es ist nichts … er … er hat angefangen zu weinen … Ich konnte ihn nicht … ich hab ihm gar nichts getan … Was?»

Ohne ihm zuzuhören, lief sie im Zimmer auf und ab, schloss das Kind fest in die Arme und murmelte:

«Mein kleiner Kerl! Mein kleines Kerlchen! Hast du Angst gehabt, Schätzchen? … Ist ja gut, Schätzchen, ist ja gut! … Mein Lämmchen! Mamas kleines Goldlämmchen! … Ist ja gut!»

Little Chandler fühlte, wie ihm Schamröte in die Wangen stieg, und er trat aus dem Lichtkegel der Lampe heraus. Er konnte hören, wie das krampfartige Schreien schwächer und schwächer wurde, und Tränen der Reue traten ihm in die Augen.

CLAY

The matron had given her leave to go out as
soon as the women's tea was over, and Maria
looked forward to her evening out. The kitchen
was spick and span: the cook said you could see
yourself in the big copper boilers. The fire was
nice and bright and on one of the side-tables
were four very big barmbracks. These barmbracks seemed uncut; but if you went closer you
would see that they had been cut into long thick
even slices and were ready to be handed round
at tea. Maria had cut them herself.

Maria was a very, very small person indeed,
but she had a very long nose and a very long
chin. She talked a little through her nose, always soothingly: *"Yes, my dear,"* and *"No, my
dear."* She was always sent for when the women
quarrelled over their tubs and always succeeded
in making peace. One day the matron had said
to her:

"Maria, you are a veritable peace-maker!"

And the sub-matron and two of the Board
ladies had heard the compliment. And Ginger
Mooney was always saying what she wouldn't
do to the dummy who had charge of the irons
if it wasn't for Maria. Everyone was so fond of
Maria.

The women would have their tea at six
o'clock and she would be able to get away before
seven. From Ballsbridge to the Pillar, twenty

ERDE

Die Aufseherin hatte ihr erlaubt zu gehen, sobald die Frauen ihr Teekränzchen beendet hatten, und Maria freute sich auf ihren freien Abend. Die Küche war blitzsauber; die Köchin sagte, in den großen Kupferpfannen könnte man sich spiegeln. Das Feuer flackerte hell, und auf einem der Anrichtetische standen vier riesige Rosinenkuchen. Diese Rosinenkuchen sahen so aus, als wären sie noch nicht angeschnitten. Wenn man aber näher heranging, merkte man, dass sie in lange, dicke, gleichmäßige Scheiben geschnitten waren, so dass sie zum Tee herumgereicht werden konnten. Maria hatte sie selbst geschnitten.

Maria war wirklich sehr, sehr klein, und sie hatte eine sehr lange Nase und ein sehr langes Kinn. Sie sprach ein bisschen durch die Nase, immer besänftigend: *Ja, meine Liebe* und *Nein, meine Liebe*. Immer wurde sie geholt, wenn die Frauen sich an den Waschzubern zankten, und immer gelang es ihr, Frieden zu stiften. Einmal hatte die Aufseherin zu ihr gesagt:

«Maria, Sie sind eine wahre Friedensstifterin!»

Und die zweite Aufseherin und zwei der Damen vom Vorstand hatten dieses Lob auch gehört. Und Ginger Mooney sagte immer, dass sie der Taubstummen, die sich um die Bügeleisen kümmerte, wer weiß was antun würde, wenn Maria nicht wäre. Alle hatten Maria sehr gern.

Um sechs Uhr würden die Frauen ihren Tee bekommen, so dass sie noch vor sieben gehen konnte. Von Ballsbridge zur Nelson-Säule zwanzig Minuten; von der

minutes; from the Pillar to Drumcondra, twenty minutes; and twenty minutes to buy the things. She would be there before eight. She took out her purse with the silver clasps and read again the words *A Present from Belfast.* She was very fond of that purse because Joe had brought it to her five years before when he and Alphy had gone to Belfast on a Whit-Monday trip. In the purse were two half-crowns and some coppers. She would have five shillings clear after paying tram fare. What a nice evening they would have, all the children singing! Only she hoped that Joe wouldn't come in drunk. He was so different when he took any drink.

Often he had wanted her to go and live with them; but she would have felt herself in the way (though Joe's wife was ever so nice with her) and she had become accustomed to the life of the laundry. Joe was a good fellow. She had nursed him and Alphy too; and Joe used often say:

"Mamma is mamma, but Maria is my proper mother."

After the break-up at home the boys had got her that position in the *Dublin by Lamplight* laundry, and she liked it. She used to have such a bad opinion of Protestants, but now she thought they were very nice people, a little quiet and serious, but still very nice people to live with. Then she had her plants in the conservatory and she liked looking after them. She had lovely ferns and wax-plants and, whenever anyone came to visit her, she always gave the visitor one or two slips from her conservatory. There was

Säule nach Drumcondra zwanzig Minuten; und zwanzig Minuten für die Einkäufe. Sie wäre noch vor acht da.

Sie nahm ihre Geldbörse mit der silbernen Schließe hervor und las noch einmal die Worte *Ein Geschenk aus Belfast*. Sie hing sehr an dieser Börse, denn Joe hatte sie ihr vor fünf Jahren mitgebracht, als er und Alphy am Pfingstmontag einen Ausflug nach Belfast gemacht hatten. In der Börse befanden sich zwei halbe Kronen und ein paar Kupfermünzen. Wenn sie das Straßenbahnbillett bezahlt hatte, blieben ihr noch volle fünf Schilling. Es würde bestimmt ein netter Abend, wenn die Kinder alle sangen! Sie hoffte nur, dass Joe nicht betrunken heimkommen würde. Er war so anders, wenn er etwas getrunken hatte.

Schon oft hatte er ihr vorgeschlagen, doch zu ihnen zu ziehen, aber sie hätte das Gefühl gehabt zu stören (obwohl Joes Frau wirklich nett zu ihr war), und sie hatte sich an das Leben in der Waschanstalt gewöhnt. Joe war ein guter Kerl. Sie hatte ihn ebenso wie Alphy großgezogen, und Joe sagte oft:

«Mama ist Mama, aber meine eigentliche Mutter ist Maria.»

Als damals die Familie auseinanderbrach, hatten die Jungen ihr diese Stellung in der Waschanstalt *Dublin by Lamplight* besorgt, und sie gefiel ihr. Früher hatte sie immer so schlecht von den Protestanten gedacht, aber jetzt fand sie sie sehr nett, ein bisschen still und ernst, aber trotzdem sehr nett im Umgang. Und dann hatte sie ja ihre Pflanzen im Wintergarten, die sie gern versorgte. Sie besaß wunderschöne Farne und Wachsblumen, und wenn mal jemand zu Besuch kam, gab sie ihm ein paar Ableger aus dem Wintergarten. Eins gefiel ihr allerdings nicht, und das waren die

one thing she didn't like and that was the tracts on the walls; but the matron was such a nice person to deal with, so genteel.

When the cook told her everything was ready she went into the women's room and began to pull the big bell. In a few minutes the women began to come in by twos and threes, wiping their steaming hands in their petticoats and pulling down the sleeves of their blouses over their red steaming arms. They settled down before their huge mugs which the cook and the dummy filled up with hot tea, already mixed with milk and sugar in huge tin cans. Maria superintended the distribution of the barmbrack and saw that every woman got her four slices. There was a great deal of laughing and joking during the meal. Lizzie Fleming said Maria was sure to get the ring and, though Fleming had said that for so many Hallow Eves, Maria had to laugh and say she didn't want any ring or man either; and when she laughed her grey-green eyes sparkled with disappointed shyness and the tip of her nose nearly met the tip of her chin. Then Ginger Mooney lifted up her mug of tea and proposed Maria's health, while all the other women clattered with their mugs on the table, and said she was sorry she hadn't a sup of porter to drink it in. And Maria laughed again till the tip of her nose nearly met the tip of her chin and till her minute body nearly shook itself asunder, because she knew that Mooney meant well, though of course she had the notions of a common woman.

Traktate an den Wänden; aber die Aufseherin war solch eine umgängliche und nette Frau, geradezu vornehm.

Als die Köchin ihr sagte, dass alles bereit sei, ging sie in den Frauenraum und läutete die große Glocke. Nach wenigen Minuten kamen die ersten Frauen zu zweit oder dritt herein, wischten sich die dampfenden Hände an den Unterröcken ab und rollten die Ärmel ihrer Blusen über die dampfgeröteten Arme herunter. Sie setzten sich vor ihre großen Becher, und die Köchin und die Taubstumme gossen ihnen aus großen Blechkannen heißen Tee mit Milch und Zucker ein. Maria überwachte die Verteilung des Rosinenkuchens und sorgte dafür, dass jede Frau ihre vier Stücke bekam. Während der Mahlzeit wurde viel gelacht und gescherzt. Lizzie Fleming sagte, Maria würde bestimmt den Ring kriegen, und obwohl die Fleming dasselbe schon oft am Abend vor Allerheiligen gesagt hatte, musste Maria wieder darüber lachen und erwidern, sie wolle weder einen Ring noch einen Mann; und als sie lachte, glitzerte zaghafte Enttäuschung in ihren graugrünen Augen, und ihre Nasenspitze berührte beinahe die Spitze ihres Kinns. Dann erhob Ginger Mooney ihren Teebecher, und während die anderen Frauen mit ihren Bechern auf dem Tisch klapperten, brachte sie ein Hoch auf Marias Gesundheit aus und sagte, es wäre ihr lieber, sie könnte ihr mit einem Glas Porter zuprosten. Und wieder lachte Maria, dass ihre Nasenspitze beinahe die Spitze ihres Kinns berührte und ihr schmächtiger Körper schier zerbarst, denn sie wusste, dass die Mooney es gut meinte, auch wenn natürlich ihre Vorstellungen die einer ganz einfachen Frau waren.

But wasn't Maria glad when the women had
finished their tea and the cook and the dummy
had begun to clear away the tea-things! She
went into her little bedroom and, remembering
that the next morning was a mass morning,
changed the hand of the alarm from seven to
six. Then she took off her working skirt and her
house-boots and laid her best skirt out on the
bed and her tiny dress-boots beside the foot of
the bed. She changed her blouse too and, as she
stood before the mirror, she thought of how she
used to dress for mass on Sunday morning when
she was a young girl; and she looked with quaint
affection at the diminutive body which she had
so often adorned. In spite of its years she found
it a nice tidy little body.

When she got outside the streets were
shining with rain and she was glad of her old
brown waterproof. The tram was full and she
had to sit on the little stool at the end of the
car, facing all the people, with her toes barely
touching the floor. She arranged in her mind
all she was going to do and thought how much
better it was to be independent and to have your
own money in your pocket. She hoped they
would have a nice evening. She was sure they
would but she could not help thinking what a
pity it was Alphy and Joe were not speaking.
They were always falling out now, but when
they were boys together they used to be the best
of friends: but such was life.

She got out of her tram at the Pillar and
ferreted her way quickly among the crowds. She

Wie froh war Maria, als die Frauen mit ihrem Tee fertig waren und die Köchin und die Taubstumme darangingen, das Geschirr wegzuräumen! Sie ging in ihre Schlafkammer, und da ihr einfiel, dass am nächsten Morgen Frühmesse war, stellte sie den Wecker von sieben Uhr auf sechs. Dann zog sie ihren Arbeitsrock und die Hausstiefel aus, legte ihren guten Rock aufs Bett und stellte ihre winzigen Ausgehstiefel ans Fußende. Sie wechselte auch die Bluse, und während sie vor dem Spiegel stand, musste sie daran denken, wie sie sich als junges Mädchen immer für die Sonntagsmesse zurechtgemacht hatte; und mit kuriosem Wohlgefallen betrachtete sie ihren winzigen Körper, den sie schon so viele Male herausgeputzt hatte. Sie fand, dass ihr kleiner Körper noch immer nett und ansehnlich sei.

Als sie aus dem Haus trat, glänzten die Straßen im Regen, und sie war froh, ihren alten braunen Wettermantel zu haben. Die Straßenbahn war voll, und sie musste mit dem kleinen Sitz am Ende des Wagens vorliebnehmen, wo sie den anderen Leuten gegenübersaß und ihre Zehenspitzen kaum den Boden berührten. Sie überlegte, was sie alles zu erledigen hatte, und dachte, wie gut es war, unabhängig zu sein und eigenes Geld in der Tasche zu haben. Sie hoffte, sie würden einen netten Abend verbringen. Sie war sich dessen sogar sicher, musste aber auch denken, wie schade es war, dass Alphy und Joe nicht miteinander redeten. Immer stritten sie sich in letzter Zeit, und dabei waren sie als Jungen immer die besten Freunde gewesen. Aber so war nun mal das Leben.

An der Nelson-Säule stieg sie aus und huschte flink zwischen den vielen Menschen hindurch. Sie betrat

went into Downes's cake-shop but the shop was so full of people that it was a long time before she could get herself attended to. She bought a dozen of mixed penny cakes and at last came out of the shop laden with a big bag. Then she thought what else would she buy: she wanted to buy something really nice. They would be sure to have plenty of apples and nuts. It was hard to know what to buy and all she could think of was cake. She decided to buy some plum-cake, but Downes's plumcake had not enough almond icing on top of it, so she went over to a shop in Henry Street. Here she was a long time in suiting herself, and the stylish young lady behind the counter, who was evidently a little annoyed by her, asked her was it wedding-cake she wanted to buy. That made Maria blush and smile at the young lady; but the young lady took it all very seriously and finally cut a thick slice of plumcake, parcelled it up and said:

"Two-and-four, please."

She thought she would have to stand in the Drumcondra tram because none of the young men seemed to notice her, but an elderly gentle-man made room for her. He was a stout gentle-man and he wore a brown hard hat; he had a square red face and a greyish moustache. Maria thought he was a colonel-looking gentleman and she reflected how much more polite he was than the young men who simply stared straight before them. The gentleman began to chat with her about Hallow Eve and the rainy weather. He supposed the bag was full of good things

die Konditorei Downes, aber da war der Laden so voll, dass es eine ganze Weile dauerte, bis sie bedient wurde. Sie kaufte ein Dutzend gemischte Penny-Kuchen, und mit einer großen Tüte verließ sie endlich das Geschäft. Dann überlegte sie, was sie sonst noch kaufen könnte: Es sollte etwas wirklich Nettes sein. Äpfel und Nüsse hätten sie ja jedenfalls schon reichlich. Es war schwer zu sagen, was sie kaufen sollte, und außer Kuchen fiel ihr nichts ein. Sie beschloss, etwas Plumcake zu kaufen, aber der Plumcake von Downes hatte nicht genug Mandelguss, und deshalb ging sie hinüber in ein Geschäft in der Henry Street. Sie brauchte eine ganze Weile, um das Richtige zu finden, und die adrette junge Dame hinter dem Ladentisch wurde schon spürbar ungeduldig und fragte, ob sie denn eine Hochzeitstorte kaufen wolle. Da wurde Maria ganz rot, und sie lächelte das Fräulein an; aber das Fräulein blieb völlig ernst und schnitt schließlich ein großes Stück Plumcake ab, packte es ein und sagte:

«Zwei Schilling und vier Pence, bitte.»

In der Straßenbahn nach Drumcondra dachte sie schon, sie werde stehen müssen, weil keiner der jungen Männer sie zu bemerken schien, aber dann machte ihr ein älterer Herr Platz: ein kräftiger Herr mit einem braunen steifen Hut; er hatte ein breites rotes Gesicht und einen graumelierten Schnurrbart. Maria fand, er sehe aus wie ein Oberst, und sie dachte darüber nach, wieviel höflicher er doch war als diese jungen Männer, die einfach stur geradeaus sahen. Der Herr begann ein kleines Gespräch über Halloween und das Regenwetter. Er äußerte die Vermutung, die Tüte sei voller guter Sachen für die Kleinen, und meinte, es sei auch ganz

for the little ones and said it was only right that the youngsters should enjoy themselves while they were young. Maria agreed with him and favoured him with demure nods and hems. He was very nice with her, and when she was getting out at the Canal Bridge she thanked him and bowed, and he bowed to her and raised his hat and smiled agreeably; and while she was going up along the terrace, bending her tiny head under the rain, she thought how easy it was to know a gentleman even when he has a drop taken.

Everybody said: O, *here's Maria!* when she came to Joe's house. Joe was there, having come home from business, and all the children had their Sunday dresses on. There were two big girls in from next door and games were going on. Maria gave the bag of cakes to the eldest boy, Alphy, to divide and Mrs Donnelly said it was too good of her to bring such a big bag of cakes, and made all the children say:

"Thanks, Maria."

But Maria said she had brought something special for papa and mamma, something they would be sure to like, and she began to look for her plumcake. She tried in Downes's bag and then in the pockets of her waterproof and then on the hallstand, but nowhere could she find it. Then she asked all the children had any of them eaten it – by mistake, of course – but the children all said no and looked as if they did not like to eat cakes if they were to be accused of stealing. Everybody had a solution for the mystery and Mrs Donnelly said it was plain that Maria had left

richtig, dass es den Kindern gutgehe, solange sie klein seien. Maria stimmte ihm zu und schenkte ihm dann und wann ein zaghaftes Nicken und Räuspern. Er war sehr nett zu ihr, und als sie an der Canal Bridge ausstieg, dankte sie ihm und machte eine Verbeugung, und auch er verbeugte sich und lüftete seinen Hut und lächelte liebenswürdig; und während sie an der Häuserzeile entlang hinaufging, den kleinen Kopf vor dem Regen gesenkt, dachte sie, dass ein richtiger Herr doch auf den ersten Blick zu erkennen war, auch wenn er ein Gläschen getrunken hatte.

Alle riefen: *Ah, da ist Maria*! als sie Joes Haus erreichte. Joe war schon zurück von der Arbeit, und die Kinder hatten ihre Sonntagskleider an. Zwei große Mädchen von nebenan waren auch da, und es wurden Spiele gespielt. Maria gab die Tüte mit dem Kuchen dem ältesten Jungen, Alphy, damit er ihn verteilte, und Mrs Donnelly sagte, es sei wirklich lieb von ihr, so eine große Tüte Kuchen mitzubringen, und alle Kinder mussten sagen:

«Danke, Maria.»

Aber dann sagte Maria, für Papa und Mama habe sie etwas Besonderes mitgebracht, etwas, das ihnen bestimmt schmecken werde, und sie suchte nach dem Plumcake. Erst sah sie in der Tüte von Downes nach und dann in den Taschen ihres Regenmantels und dann auf dem Garderobenständer, aber er war nirgends zu finden. Dann fragte sie die Kinder, ob eins von ihnen den Kuchen gegessen habe – natürlich aus Versehen –, aber die Kinder sagten alle nein und machten Gesichter, als wollten sie auch keinen Kuchen, wenn man sie anschließend des Diebstahls bezichtigte. Jeder hatte eine Erklärung für das Rätsel, und Mrs Donnelly sagte, Maria müsse

it behind her in the tram. Maria, remembering how confused the gentleman with the greyish moustache had made her, coloured with shame and vexation and disappointment. At the thought of the failure of her little surprise and of the two and fourpence she had thrown away for nothing she nearly cried outright.

But Joe said it didn't matter and made her sit down by the fire. He was very nice with her. He told her all that went on in his office, repeating for her a smart answer which he had made to the manager. Maria did not understand why Joe laughed so much over the answer he had made, but she said that the manager must have been a very overbearing person to deal with. Joe said he wasn't so bad when you knew how to take him, that he was a decent sort so long as you didn't rub him the wrong way. Mrs Donnelly played the piano for the children and they danced and sang. Then the two next-door girls handed round the nuts. Nobody could find the nut-crackers, and Joe was nearly getting cross over it and asked how did they expect Maria to crack nuts without a nutcracker. But Maria said she didn't like nuts and that they weren't to bother about her. Then Joe asked would she take a bottle of stout, and Mrs Donnelly said there was port wine too in the house if she would prefer that. Maria said she would rather they didn't ask her to take anything: but Joe insisted.

So Maria let him have his way and they sat by the fire talking over old times and Maria thought she would put in a good word for Al-

ihn wohl in der Straßenbahn liegengelassen haben. Maria erinnerte sich nun, wie der Herr mit dem grauen Schnurrbart sie verwirrt hatte, und errötete vor Scham und Ärger und Enttäuschung. Bei dem Gedanken, dass ihre kleine Überraschung misslungen war und sie zwei Schilling und vier Pence zum Fenster hinausgeworfen hatte, wäre sie fast in Tränen ausgebrochen.

Aber Joe sagte, das sei doch nicht schlimm, und bat sie, sich ans Kaminfeuer zu setzen. Er war sehr nett zu ihr. Er erzählte ihr, was sich in seinem Büro alles ereignete, und wie er dem Prokuristen eine schlagfertige Antwort gegeben hatte. Maria begriff nicht, weshalb Joe über diese Antwort so laut lachte, aber sie sagte, mit diesem anmaßenden Prokuristen sei gewiss schwer auszukommen. Joe meinte, er sei gar nicht so übel, wenn man ihn zu nehmen wisse, und dass er ein ganz anständiger Kerl sei, solange man ihm nicht in die Quere komme. Mrs Donnelly spielte etwas auf dem Klavier, und die Kinder tanzten und sangen dazu. Dann reichten die beiden Mädchen von nebenan die Nüsse herum. Niemand konnte den Nussknacker finden, und Joe wäre deswegen fast böse geworden und fragte, wie sie sich denn vorstellten, dass Maria ohne Nussknacker eine Nuss aufkriegen sollte. Aber Maria sagte, sie mache sich gar nichts aus Nüssen, und sie sollten ihretwegen keine Umstände machen. Dann fragte Joe, ob sie gern eine Flasche Stout haben möchte, und Mrs Donnelly sagte, sie hätten auch Portwein im Haus, wenn ihr das lieber wäre. Maria erwiderte, dass sie am liebsten gar nichts nehmen würde, aber Joe ließ nicht locker.

Also gab Maria nach, und so saßen sie am Kamin und redeten von alten Zeiten. Maria versuchte, ein gutes Wort für Alphy einzulegen. Aber Joe schrie, der

phy. But Joe cried that God might strike him stone dead if ever he spoke a word to his brother again and Maria said she was sorry she had mentioned the matter. Mrs Donnelly told her husband it was a great shame for him to speak that way of his own flesh and blood, but Joe said that Alphy was no brother of his and there was nearly being a row on the head of it. But Joe said he would not lose his temper on account of the night it was, and asked his wife to open some more stout. The two next-door girls had arranged some Hallow Eve games and soon everything was merry again. Maria was delighted to see the children so merry and Joe and his wife in such good spirits. The next-door girls put some saucers on the table and then led the children up to the table, blindfold. One got the prayer-book and the other three got the water; and when one of the next-door girls got the ring Mrs Donnelly shook her finger at the blushing girl as much as to say: O, *I know all about it!* They insisted then on blindfolding Maria and leading her up to the table to see what she would get; and, while they were putting on the bandage, Maria laughed and laughed again till the tip of her nose nearly met the tip of her chin.

They led her up to the table amid laughing and joking, and she put her hand out in the air as she was told to do. She moved her hand about here and there in the air and descended on one of the saucers. She felt a soft wet substance with her fingers and was surprised that nobody spoke or took off her bandage. There was a pause for

Blitz solle ihn treffen, wenn er je wieder ein Wort mit seinem Bruder spräche, und Maria sagte, es tue ihr leid, dieses Thema erwähnt zu haben. Mrs Donnelly sagte zu ihrem Mann, es sei eine Schande, wie er von seinem eigen Fleisch und Blut rede, aber Joe behauptete, Alphy sei nicht sein Bruder, und fast wäre es zu einem richtigen Krach gekommen. Joe sagte dann, an so einem Abend wolle er sich die Laune nicht verderben lassen und bat seine Frau, noch ein paar Flaschen Stout aufzumachen. Die beiden Mädchen von nebenan hatten ein paar Halloween-Spiele vorbereitet, und bald waren alle wieder fröhlich. Maria war entzückt, die Kinder so vergnügt und Joe und seine Frau so guter Dinge zu sehen. Die Mädchen von nebenan stellten ein paar Untertassen auf den Tisch und führten dann die Kinder mit verbundenen Augen zum Tisch. Eins bekam das Gesangbuch, und die anderen drei bekamen das Wasser; und als eins der Mädchen von nebenan den Ring bekam, machte Mrs Donnelly eine Handbewegung, als wollte sie sagen: *Oh, ich weiß Bescheid!* und das Mädchen errötete. Dann bestanden sie darauf, auch Maria die Augen zu verbinden und sie zum Tisch zu führen, um zu sehen, was sie bekommen würde; und während sie ihr die Binde umlegten, musste Maria so lachen, dass ihre Nasenspitze beinahe die Spitze ihres Kinns berührte.

Unter Lachen und Scherzen führten sie sie zum Tisch, und als sie dazu aufgefordert wurde, streckte sie einen Arm aus. Sie bewegte ihre Hand in der Luft hin und her und ließ sie dann auf eine der Untertassen sinken. Sie fühlte eine weiche, feuchte Masse und wunderte sich, dass niemand etwas sagte oder ihr die Binde abnahm. Ein paar Sekunden herrschte Schwei-

a few seconds; and then a great deal of scuffling and whispering. Somebody said something about the garden, and at last Mrs Donnelly said something very cross to one of the next-door girls and told her to throw it out at once: that was no play. Maria understood that it was wrong that time and so she had to do it over again: and this time she got the prayer-book.

After that Mrs Donnelly played Miss *McCloud's Reel* for the children, and Joe made Maria take a glass of wine. Soon they were all quite merry again, and Mrs Donnelly said Maria would enter a convent before the year was out because she had got the prayer-book. Maria had never seen Joe so nice to her as he was that night, so full of pleasant talk and reminiscences. She said they were all very good to her.

At last the children grew tired and sleepy and Joe asked Maria would she not sing some little song before she went, one of the old songs. Mrs Donnelly said *Do, please, Maria!* and so Maria had to get up and stand beside the piano. Mrs Donnelly bade the children be quiet and listen to Maria's song. Then she played the prelude and said *Now, Maria!* and Maria, blushing very much, began to sing in a tiny quavering voice. She sang *I Dreamt that I Dwelt*, and when she came to the second verse she sang again:

I dreamt that I dwelt in marble halls
With vassals and serfs at my side,
And of all who assembled within those walls
That I was the hope and the pride.

gen, und dann gab es heftiges Füßescharren und Ge-
flüster. Jemand sagte etwas vom Garten, und schließlich sagte Mrs Donnelly sehr ärgerlich etwas zu einem
der Mädchen von nebenan und befahl ihm, sie solle das
augenblicklich hinauswerfen: Das sei kein Spiel mehr.
Maria begriff, dass etwas schiefgegangen war, und so
musste sie es wiederholen. Und diesmal bekam sie das
Gesangbuch.

Danach spielte Mrs Donnelly auf dem Klavier für die
Kinder *Miss McCloud's Reel*, und Joe überredete Maria
zu einem Glas Wein. Bald waren alle wieder vergnügt,
und Mrs Donnelly behauptete, noch ehe das Jahr um sei,
werde Maria in ein Kloster eintreten, denn sie habe ja
das Gesangbuch bekommen. Noch nie hatte Maria Joe
so nett erlebt wie an diesem Abend, so voller freundli-
cher Worte und Erinnerungen. Sie sagte ihnen, wie gut
sie doch alle zu ihr seien.

Schließlich wurden die Kinder müde und schläfrig,
und Joe fragte Maria, ob sie ihnen nicht noch ein
Liedchen vorsingen wolle, bevor sie gehe, eins von den
alten Liedern. Mrs Donnelly sagte *Ja, bitte, Maria!*, und
so musste Maria aufstehen und sich neben das Klavier
stellen. Mrs Donnelly bat die Kinder, still zu sein und
Marias Gesang zuzuhören. Dann spielte sie ein paar
Takte und sagte *Jetzt, Maria!*, und Maria, die ganz rot
wurde, begann mit schwacher, zitternder Stimme zu
singen. Sie sang *Mir träumte, ich wohnte*, und als sie
zur zweiten Strophe kam, sang sie noch einmal:

Mir träumte, ich wohnte in marmornen Hallen,
Umgeben von dienstbaren Scharen,
Und der Stolz war ich und die Hoffnung von allen,
Die in diesem Palast um mich waren.

I had riches too great to count; could boast
Of a high ancestral name,
But I also dreamt, which pleased me most,
That you loved me still the same.

But no one tried to show her her mistake; and
when she had ended her song Joe was very much
moved. He said that there was no time like the
long ago and no music for him like poor old
Balfe, whatever other people might say; and his
eyes filled up so much with tears that he could
not find what he was looking for and in the end
he had to ask his wife to tell him where the
cork-screw was.

Die Zahl meiner Schätze ermaß ich kaum,
   Und ich war von vornehmem Stand,
Doch einzig beglückend an diesem Traum
   War die Liebe, die uns verband.

Aber niemand versuchte, sie auf ihren Irrtum aufmerksam zu machen; und als sie ihr Lied beendet hatte, war Joe sehr gerührt. Er sagte, es gehe doch nichts über die gute alte Zeit, und die schönste Musik sei für ihn die vom guten alten Balfe, da könnten die Leute sagen, was sie wollten; seine Augen waren so voller Tränen, dass er nicht finden konnte, was er suchte, und am Ende musste er seine Frau bitten, ihm zu sagen, wo der Korkenzieher war.

A PAINFUL CASE

Mr James Duffy lived in Chapelizod because he wished to live as far as possible from the city of which he was a citizen and because he found all the other suburbs of Dublin mean, modern, and pretentious. He lived in an old sombre house, and from his windows he could look into the disused distillery or upwards along the shallow river on which Dublin is built. The lofty walls of his uncarpeted room were free from pictures. He had himself bought every article of furniture in the room: a black iron bedstead, an iron washstand, four cane chairs, a clothes-rack, a coal-scuttle, a fender and irons and a square table on which lay a double desk. A bookcase had been made in an alcove by means of shelves of white wood. The bed was clothed with white bed-clothes and a black and scarlet rug covered the foot. A little hand-mirror hung above the wash-stand and during the day a white-shaded lamp stood as the sole ornament of the mantelpiece. The books on the white wooden shelves were arranged from below upwards according to bulk. A complete Wordsworth stood at one end of the lowest shelf and a copy of the *Maynooth Catechism*, sewn into the cloth cover of a notebook, stood at one end of the top shelf. Writing materials were always on the desk. In the desk lay a manuscript translation of Hauptmann's *Michael Kramer*, the stage directions

EIN BETRÜBLICHER FALL

Mr James Duffy wohnte in Chapelizod, weil er möglichst weit weg von der Stadt leben wollte, deren Bürger er war, und weil er alle anderen Vororte Dublins schäbig, neumodisch und protzig fand. Er wohnte in einem düsteren alten Haus; von seinen Fenstern aus konnte er in die stillgelegte Brennerei sehen oder den seichten Fluss entlang, an dessen Ufern Dublin liegt. Die hohen Wände seines Zimmers waren ohne Bilder, auf dem Boden lag kein Teppich. Er hatte jedes einzelne Möbelstück in diesem Zimmer selbst angeschafft: ein schwarzes Eisenbett, einen eisernen Waschtisch, vier Rohrstühle, einen Kleiderständer, einen Kohleneimer, ein Kamingitter samt Feuerhaken und einen quadratischen Tisch, auf dem ein aufklappbares Schreibpult stand. In einer Nische befand sich ein Bücherregal aus hellen Holzbrettern. Das Bett war weiß bezogen, am Fußende lag eine schwarz-rote Decke. Über dem Waschtisch hing ein kleiner Handspiegel, und tagsüber stand auf dem Kaminsims als einzige Zierde eine Lampe mit weißem Schirm. Die Bücher auf den hellen Brettern waren von unten nach oben der Größe nach geordnet. Am einen Ende ganz unten standen die gesammelten Werke von Wordsworth, und auf dem obersten Brett ganz außen stand eine Ausgabe des Maynooth-Katechismus, eingenäht in den Stoffbezug eines Notizbuchs. Auf dem Pult lag stets Schreibzeug, und darin befand sich das Manuskript einer Übersetzung von Hauptmanns *Michael Kramer* mit Regieanweisungen in roter Tinte sowie einige Blätter Papier,

of which were written in purple ink, and a little sheaf of papers held together by a brass pin. In these sheets a sentence was inscribed from time to time and, in an ironical moment, the headline of an advertisement for *Bile Beans* had been pasted on to the first sheet. On lifting the lid of the desk a faint fragrance escaped – the fragance of new cedarwood pencils or of a bottle of gum or of an over-ripe apple which might have been left there and forgotten.

Mr Duffy abhorred anything which betokened physical or mental disorder. A medieval doctor would have called him saturnine. His face, which carried the entire tale of his years, was of the brown tint of Dublin streets. On his long and rather large head grew dry black hair and a tawny moustache did not quite cover an unamiable mouth. His cheekbones also gave his face a harsh character; but there was no harshness in the eyes which, looking at the world from under their tawny eyebrows, gave the impression of a man ever alert to greet a redeeming instinct in others but often disappointed. He lived at a little distance from his body, regarding his own acts with doubtful side-glances. He had an odd autobiographical habit which led him to compose in his mind from time to time a short sentence about himself containing a subject in the third person and a predicate in the past tense. He never gave alms to beggars and walked firmly, carrying a stout hazel.

He had been for many years cashier of a pri-

die von einer Messingklammer zusammengehalten wurden. Auf diesen Blättern wurde von Zeit zu Zeit ein Satz notiert, und in einer Anwandlung von Ironie war auf das oberste Blatt die Überschrift einer Anzeige für Gallenpastillen geklebt worden. Beim Anheben des Deckels entströmte dem Pult ein schwacher Duft, der Duft neuer Zedernholzbleistifte oder einer Flasche Gummiarabikum oder eines überreifen Apfels, der möglicherweise dort liegengeblieben und dann vergessen worden war.

Mr Duffy verabscheute alles, was auf äußere oder innere Unordnung hindeutete. Im Mittelalter hätte ihn ein Arzt saturnisch genannt. Sein Gesicht, das seine ganze Lebensgeschichte erzählte, hatte die bräunliche Färbung der Dubliner Straßen. Auf seinem länglichen und ziemlich großen Kopf wuchs struppiges schwarzes Haar, und ein gelbbrauner Schnurrbart verbarg nur unvollkommen den missvergnügten Mund. Auch die Backenknochen gaben seinem Gesicht einen abweisenden Ausdruck. Dagegen waren seine Augen, die unter gelbbraunen Brauen hervorblickten, keineswegs abweisend, vielmehr waren es die Augen eines Mannes, der bei den Menschen um ihn herum stets nach etwas, das sie entlasten könnte, Ausschau hält, aber schon oft enttäuscht worden ist. Er lebte in einem gewissen Abstand zu seinem Körper und betrachtete sein eigenes Tun mit Skepsis. Eine sonderbare Neigung zur Selbstbeschreibung veranlasste ihn von Zeit zu Zeit, in Gedanken einen kurzen Satz über sich zu verfassen, dessen Subjekt in der dritten Person und dessen Prädikat in der Vergangenheitsform standen. Bettlern gab er nie ein Almosen. Er ging mit festem Schritt, einen dicken Haselnussstock in der Hand.

Seit vielen Jahren schon war er Kassierer bei einer

vate bank in Baggot Street. Every morning he came in from Chapelizod by tram. At midday he went to Dan Burke's and took his lunch – a bottle of lager beer and a small trayful of arrow-root biscuits. At four o'clock he was set free. He dined in an eating house in George's Street where he felt himself safe from the society of Dublin's gilded youth and where there was a certain plain honesty in the bill of fare. His evenings were spent either before his landlady's piano or roaming about the outskirts of the city. His liking for Mozart's music brought him sometimes to an opera or a concert: these were the only dissipations of his life.

He had neither companions nor friends, church nor creed. He lived his spiritual life without any communion with others, visiting his relatives at Christmas and escorting them to the cemetery when they died. He performed these two social duties for old dignity's sake, but conceded nothing further to the conventions which regulate the civic life. He allowed himself to think that in certain circumstances he would rob his bank but, as these circumstances never arose, his life rolled out evenly – an adventure-less tale.

One evening he found himself sitting beside two ladies in the Rotunda. The house, thinly peopled and silent, gave distressing prophecy of failure. The lady who sat next him looked round at the deserted house once or twice and then said:

"What a pity there is such a poor house

Privatbank in der Baggot Street. Er kam jeden Morgen von Chapelizod mit der Straßenbahn. Mittags ging er zu Dan Burke's, um etwas zu essen: eine Flasche Lagerbier und einen kleinen Teller Zwieback. Um vier Uhr nachmittags war er wieder frei. Dann aß er in einem Gasthaus in der George's Street, wo er sich vor der Gesellschaft der Jeunesse dorée Dublins sicher fühlte und wo die Speisekarte von einer gewissen schlichten Redlichkeit war. Seine Abende verbrachte er entweder am Klavier seiner Zimmerwirtin oder mit Spaziergängen in den Außenbezirken der Stadt. Seine Liebe zur Musik Mozarts führte ihn gelegentlich in eine Oper oder ein Konzert, aber dies waren seine einzigen Vergnügungen.

Er hatte weder Bekannte noch Freunde, weder Kirche noch Glaubensbekenntnis. Sein geistiges Leben lebte er, ohne mit anderen Verbindung zu haben. Weihnachten besuchte er seine Verwandten, und wenn sie gestorben waren, geleitete er sie zum Friedhof. Diese beiden gesellschaftlichen Pflichten erfüllte er anstandshalber, aber darüber hinaus machte er den Gepflogenheiten, die das bürgerliche Leben regeln, keinerlei Zugeständnisse. Er gestattete sich die Vorstellung, dass er unter gewissen Umständen seine Bank berauben würde, doch da sich diese Umstände nie ergaben, ging sein Leben gleichförmig dahin – eine Geschichte ohne Abenteuer.

Eines Abends saß er in der Rotunda zufällig neben zwei Damen. Das Haus, nur schwach besucht und still, verhieß auf beklemmende Weise Misserfolg. Die Dame neben ihm sah sich ein paarmal in dem leeren Haus um und sagte dann:

« Wie schade, dass heute so wenig Publikum da ist.

tonight! It's so hard on people to have to sing to empty benches."

He took the remark as an invitation to talk. He was surprised that she seemed so little awkward. While they talked he tried to fix her permanently in his memory. When he learned that the young girl beside her was her daughter he judged her to be a year or so younger than himself. Her face, which must have been handsome, had remained intelligent. It was an oval face with strongly marked features. The eyes were very dark blue and steady. Their gaze began with a defiant note, but was confused by what seemed a deliberate swoon of the pupil into the iris, revealing for an instant a temperament of great sensibility. The pupil reasserted itself quickly, this half-disclosed nature fell again under the reign of prudence, and her astrakhan jacket, moulding a bosom of a certain fullness, struck the note of defiance more definitely.

He met her again a few weeks afterwards at a concert in Earlsfort Terrace and seized the moments when her daughter's attention was diverted to become intimate. She alluded once or twice to her husband, but her tone was not such as to make the allusion a warning. Her name was Mrs Sinico. Her husband's great-great-grandfather had come from Leghorn. Her husband was captain of a mercantile boat plying between Dublin and Holland; and they had one child.

Meeting her a third time by accident, he found courage to make an appointment. She came. This was the first of many meetings; they

Es ist für die Leute nicht leicht, vor leeren Stühlen singen zu müssen.»

Er verstand diese Bemerkung als Einladung zu einer Unterhaltung, und es überraschte ihn, wie wenig schüchtern sie wirkte. Während sie miteinander sprachen, versuchte er, sie seinem Gedächtnis fest einzuprägen. Als er hörte, das junge Mädchen neben ihr sei ihre Tochter, schätzte er, dass sie etwa ein Jahr jünger war als er. Ihr Gesicht, das einmal hübsch gewesen sein musste, hatte einen klugen Ausdruck bewahrt. Es war oval und hatte stark ausgeprägte Züge. Die ruhigen Augen waren von einem sehr dunklen Blau. Ihr Blick war anfangs trotzig, dann aber verschwammen Pupille und Iris, vielleicht absichtsvoll, ineinander, und für eine ganz kurze Zeit gab sich darin eine höchst empfindsame Wesensart zu erkennen. Die Pupille grenzte sich jedoch schnell wieder ab, diese flüchtig offenbarte Seite ihres Wesens unterwarf sich erneut der Vernunft, und ihre Astrachanjacke, die dem Busen eine gewisse Fülle verlieh, brachte jenes Trotzige nur noch deutlicher zum Ausdruck.

Ein paar Wochen danach traf er sie bei einem Konzert in der Earlsfort Terrace wieder, und jedesmal, wenn ihre Tochter abgelenkt war, ergriff er die Gelegenheit und wurde vertraulich. Ein- oder zweimal erwähnte sie zwar ihren Ehemann, aber in einem Ton, der dies nicht als Warnung erscheinen ließ. Ihr Name war Sinico. Der Ur-Ur-Großvater ihres Mannes stammte aus Livorno. Ihr Mann selbst war Kapitän auf einem Handelsschiff, das zwischen Dublin und Holland verkehrte. Sie hatten ein Kind.

Als er sie zufällig ein drittes Mal traf, wagte er eine Verabredung. Sie kam. Es wurde das erste von vielen Treffen. Sie trafen sich stets abends und suchten sich

met always in the evening and chose the most
quiet quarters for their walks together. Mr Duffy, however, had a distaste for underhand ways
and, finding that they were compelled to meet
stealthily, he forced her to ask him to her house.
Captain Sinico encouraged his visits, thinking
that his daughter's hand was in question. He
had dismissed his wife so sincerely from his
gallery of pleasures that he did not suspect that
anyone else would take an interest in her. As
the husband was often away and the daughter
out giving music lessons, Mr Duffy had many
opportunities of enjoying the lady's society.
Neither he nor she had had any such adventure
before and neither was conscious of any incon-
gruity. Little by little he entangled his thoughts
with hers. He lent her books, provided her with
ideas, shared his intellectual life with her. She
listened to all.

Sometimes in return for his theories she gave
out some fact of her own life. With almost ma-
ternal solicitude she urged him to let his nature
open to the full: she became his confessor. He
told her that for some time he had assisted at the
meetings of an Irish Socialist Party, where he
had felt himself a unique figure amidst a score
of sober workmen in a garret lit by an inefficient
oil-lamp. When the party had divided into three
sections, each under its own leader and in its
own garret, he had discontinued his attendances.
The workmen's discussions, he said, were too
timorous; the interest they took in the question
of wages was inordinate. He felt that they were

für ihre gemeinsamen Spaziergänge die ruhigeren Viertel aus. Mr Duffy lehnte Heimlichkeiten jedoch ab, und als er merkte, dass sie gezwungen waren, sich im Geheimen zu treffen, nötigte er sie, ihn in ihr Haus einzuladen. Kapitän Sinico befürwortete seine Besuche, da er annahm, es gehe dabei um die Hand seiner Tochter. Er hatte seine Frau so gründlich aus der Galerie seiner Freuden gestrichen, dass ihm der Verdacht, ein anderer könnte ihr Aufmerksamkeit schenken, gar nicht kam. Da der Ehemann häufig unterwegs war und die Tochter außer Haus Musikstunden gab, fand Mr Duffy viele Gelegenheiten, sich der Gesellschaft der Dame des Hauses zu erfreuen. Weder er noch sie hatten je zuvor ein Abenteuer dieser Art gehabt, und sie fanden nichts Ungehöriges daran. Nach und nach verstrickte er seine Gedanken mit den ihren. Er lieh ihr Bücher, versorgte sie mit Anregungen, teilte sein geistiges Leben mit ihr. Sie hörte sich alles an.

Manchmal, im Tausch gegen seine Theorien, teilte sie ihm etwas aus ihrem Leben mit. Mit beinahe mütterlicher Fürsorge bewegte sie ihn dazu, sein Inneres ganz zu öffnen. Sie übernahm die Rolle eines Beichtvaters. Er erzählte ihr, dass er eine Zeitlang an Versammlungen einer irischen Sozialistenpartei mitgewirkt habe, wo er sich unter den zwei Dutzend nüchternen Arbeitern in einer von einer Petroleumlampe schwach erleuchteten Dachkammer wie ein Außenseiter vorgekommen sei. Als die Partei sich in drei Fraktionen spaltete, jede mit ihrem eigenen Führer und ihrer eigenen Dachkammer, sei er nicht mehr hingegangen. Die Diskussionen der Arbeiter, sagte er, seien zu zaghaft; ihr Interesse an Lohnfragen unverhältnismäßig groß. Seiner Meinung

hard-featured realists and that they resented an exactitude which was the produce of a leisure not within their reach. No social revolution, he told her, would be likely to strike Dublin for some centuries.

She asked him why did he not write out his thoughts. For what, he asked her, with careful scorn. To compete with phrasemongers, incapable of thinking consecutively for sixty seconds? To submit himself to the criticisms of an obtuse middle class which entrusted its morality to policemen and its fine arts to impresarios?

He went often to her little cottage outside Dublin; often they spent their evenings alone. Little by little, as their thoughts entangled, they spoke of subjects less remote. Her companionship was like a warm soil about an exotic. Many times she allowed the dark to fall upon them, refraining from lighting the lamp. The dark discreet room, their isolation, the music that still vibrated in their ears united them. This union exalted him, wore away the rough edges of his character, emotionalized his mental life. Sometimes he caught himself listening to the sound of his own voice. He thought that in her eyes he would ascend to an angelical stature; and, as he attached the fervent nature of his companion more and more closely to him, he heard the strange impersonal voice which he recognized as his own, insisting on the soul's incurable loneliness. We cannot give ourselves, it said: we are our own. The end of these discourses was that one night, during which she had shown every

nach waren sie abstoßende Realisten und hielten nichts von jener Gründlichkeit, wie sie nur in Mußestunden entstehen kann, die sie nicht hatten. Eine soziale Revolution, erklärte er ihr, werde es in Dublin wohl erst in ein paar Jahrhunderten geben.

Warum er seine Gedanken denn nicht zu Papier bringe, erkundigte sie sich. Wozu? fragte er mit vorsichtiger Geringschätzung. Etwa um mit Phrasendreschern zu konkurrieren, die keine sechzig Sekunden folgerichtig denken können? Um sich der Krittelei eines stumpfsinnigen Bürgertums auszusetzen, das die Moral der Polizei und die Künste den Impresarios überlässt?

Er kam häufig in ihr kleines Haus am Rande von Dublin, und oft verbrachten sie die Abende allein. Nach und nach, als ihre Gedanken sich miteinander verstrickten, sprachen sie auch von weniger Entlegenem. Ihre Gesellschaft wirkte auf ihn wie warmes Erdreich, das eine exotische Pflanze umgibt. Nicht selten ließ sie die Dunkelheit hereinbrechen, ohne die Lampe anzuzünden. Der dunkle, verschwiegene Raum, ihre Abgeschlossenheit, die Musik, die noch in ihren Ohren nachklang, verbanden sie. Diese Verbundenheit beglückte ihn, glättete die scharfen Kanten seines Wesens, machte sein Denken einfühlsamer. Manchmal ertappte er sich dabei, wie er seiner eigenen Stimme lauschte. Er glaubte, seine Gefährtin würde zu ihm wie zu einem Engel aufblicken, und während er ihre Leidenschaft immer fester an sich band, hörte er, wie die seltsam unpersönliche Stimme, die er als seine eigene wiedererkannte, mehrmals von der unüberwindlichen Einsamkeit der Seele sprach. Wir können uns nicht hingeben, sagte diese Stimme; wir gehören nur jeder sich selber. Das Ende dieser Gespräche kam eines Abends, als

sign of unusual excitement, Mrs Sinico caught up his hand passionately and pressed it to her cheek.

Mr Duffy was very much surprised. Her interpretation of his words disillusioned him. He did not visit her for a week; then he wrote to her asking her to meet him. As he did not wish their last interview to be troubled by the influence of their ruined confessional they met in a little cakeshop near the Parkgate. It was cold autumn weather, but in spite of the cold they wandered up and down the roads of the Park for nearly three hours. They agreed to break off their intercourse: every bond, he said, is a bond to sorrow. When they came out of the Park they walked in silence towards the tram; but here she began to tremble so violently that, fearing another collapse on her part, he bade her good-bye quickly and left her. A few days later he received a parcel containing his books and music.

Four years passed. Mr Duffy returned to his even way of life. His room still bore witness of the orderliness of his mind. Some new pieces of music encumbered the music-stand in the lower room and on his shelves stood two volumes by Nietzsche: *Thus Spake Zarathustra* and *The Gay Science.* He wrote seldom in the sheaf of papers which lay in his desk. One of his sentences, written two months after his last interview with Mrs Sinico, read: Love between man and man is impossible because there must not be sexual intercourse, and friendship between man and woman is impossible because there must be

Mrs Sinico, die schon vorher Anzeichen ungewöhnlicher Erregung gezeigt hatte, leidenschaftlich seine Hand ergriff und an ihre Wange presste.

Mr Duffy war völlig überrascht. Ihre Auslegung seiner Worte ernüchterte ihn. Eine Woche lang besuchte er sie nicht mehr. Dann schrieb er ihr und bat sie um ein Treffen. Da er nicht wollte, dass ihr letztes Gespräch durch ihr entweihtes Beichtzimmer störend beeinflusst werde, trafen sie sich in einer kleinen Konditorei in der Nähe des Parkgate. Es herrschte kaltes Herbstwetter, doch trotz der Kälte gingen sie fast drei Stunden lang die Parkwege langsam auf und ab. Sie beschlossen, ihren Umgang miteinander zu beenden. Jede Bindung, sagte er, sei eine Bindung an das Leid. Als sie den Park verließen, gingen sie wortlos zur Straßenbahnhaltestelle. Dort wurde sie jedoch von so heftigem Zittern ergriffen, dass er befürchtete, sie könnte erneut die Beherrschung verlieren, und so verabschiedete er sich hastig und ging. Ein paar Tage darauf erhielt er ein Päckchen mit seinen Büchern und Noten.

Vier Jahre vergingen. Mr Duffy kehrte zu seinem gleichförmigen Leben zurück. Sein Zimmer legte noch immer Zeugnis ab von seiner Ordnungsliebe. Einige neue Musikstücke beschwerten den Notenständer im unteren Stockwerk, und auf seinem Regal standen zwei Bände Nietzsche, *Also sprach Zarathustra* und *Die fröhliche Wissenschaft*. Er schrieb nur selten etwas auf die Blätter, die in seinem Pult lagen. Ein Satz, den er einige Monate nach seiner letzten Begegnung mit Mrs Sinico notiert hatte, lautete: Liebe zwischen Mann und Mann ist unmöglich, da es nicht zum Geschlechtsverkehr kommen darf, und Freundschaft zwischen Mann und Frau ist unmöglich, weil es zum Geschlechtsverkehr

sexual intercourse. He kept away from concerts lest he should meet her. His father died; the junior partner of the bank retired. And still every morning he went into the city by tram and every evening walked home from the city after having dined moderately in George's Street and read the evening paper for dessert.

One evening as he was about to put a morsel of corned beef and cabbage into his mouth his hand stopped. His eyes fixed themselves on a paragraph in the evening paper which he had propped against the water-carafe. He replaced the morsel of food on his plate and read the paragraph attentively. Then he drank a glass of water, pushed his plate to one side, doubled the paper down before him between his elbows and read the paragraph over and over again. The cabbage began to deposit a cold white grease on his plate. The girl came over to him to ask was his dinner not properly cooked. He said it was very good and ate a few mouthfuls of it with difficulty. Then he paid his bill and went out.

He walked along quickly through the November twilight, his stout hazel stick striking the ground regularly, the fringe of the buff *Mail* peeping out of a side-pocket of his tight reefer overcoat. On the lonely road which leads from the Parkgate to Chapelizod he slackened his pace. His stick struck the ground less emphatically, and his breath, issuing irregularly, almost with a sighing sound, condensed in the wintry air. When he reached his house he went up at once to his bedroom and, taking the paper from his pock-

kommen muss. Konzerten blieb er fern, um ihr nicht zu begegnen. Sein Vater starb; der Juniorpartner der Bank setzte sich zur Ruhe. Und noch immer fuhr er jeden Morgen mit der Straßenbahn in die Stadt und ging abends zu Fuß nach Hause, nachdem er in der George's Street bescheiden gegessen und zum Nachtisch die Abendzeitung gelesen hatte.

Eines Abends, als er sich gerade einen Bissen Cornedbeef und Kohl in den Mund schieben wollte, hielt er plötzlich inne. Seine Augen waren auf einen Artikel in der Zeitung geheftet, die er gegen die Wasserkaraffe gelehnt hatte. Er legte den Bissen zurück auf den Teller und las den Artikel aufmerksam. Dann trank er ein Glas Wasser, schob seinen Teller beiseite, legte die zusammengefaltete Zeitung zwischen seine Ellenbogen auf den Tisch und las den Artikel wieder und wieder. Der Kohl auf dem Teller bildete allmählich eine kalte weißliche Fettschicht. Die Servierin kam und erkundigte sich, ob mit dem Essen etwas nicht stimme. Er sagte, es sei sehr gut, und aß mit Mühe noch ein paar Happen. Dann zahlte er und ging.

Er ging schnellen Schrittes durch die hereinbrechende Novemberdämmerung; sein Haselnussstock stieß im Takt aufs Pflaster, und aus einer Tasche seines engen Matrosenmantels sah ein gelbliches Stück der *Mail* hervor. Auf der einsamen Straße, die vom Parkgate nach Chapelizod führte, wurde er langsamer. Sein Stock stieß mit weniger Nachdruck aufs Pflaster, und sein unregelmäßiger Atem, der beinahe seufzend klang, bildete in der winterlichen Luft kleine Wolken. Zuhause angekommen, ging er sogleich hinauf in sein Zimmer, nahm die Zeitung aus der Tasche und

et, read the paragraph again by the failing light of the window. He read it not aloud, but moving his lips as a priest does when he reads the prayers *Secreto*. This was the paragraph:

DEATH OF A LADY AT SYDNEY PARADE
A PAINFUL CASE

Today at the City of Dublin Hospital the Deputy Coroner (in the absence of Mr Leverett) held an inquest on the body of Mrs Emily Sinico, aged forty-three years, who was killed at Sydney Parade Station yesterday evening. The evidence showed that the deceased lady, while attempting to cross the lines, was knocked down by the engine of the ten o'clock slow train from Kingstown, thereby sustaining injuries of the head and right side which led to her death.

James Lennon, driver of the engine, stated that he had been in the employment of the railway company for fifteen years. On hearing the guard's whistle he set the train in motion and a second or two afterwards brought it to rest in response to loud cries. The train was going slowly.

P. Dunne, railway porter, stated that as the train was about to start he observed a woman attempting to cross the lines. He ran towards her and shouted but, before he could reach her, she was caught by the buffer of the engine and fell to the ground.

A JUROR You saw the lady fall?

WITNESS Yes.

las im Zwielicht am Fenster noch einmal den Artikel. Er las ihn nicht laut, bewegte aber seine Lippen wie ein Priester, der ein stilles Gebet spricht. Der Artikel lautete:

TOD EINER DAME IN SYDNEY PARADE
EIN BETRÜBLICHER FALL

Im Städtischen Krankenhaus von Dublin fand heute unter Vorsitz des Stellvertretenden Leichenbeschauers (da Mr Leverett zur Zeit abwesend ist) die amtliche Untersuchung der Ursache des Todes von Mrs Emily Sinico statt, die gestern Abend auf dem Bahnhof Sydney Parade im Alter von dreiundvierzig Jahren ums Leben kam. Die Untersuchung ergab, dass die Verstorbene beim Versuch, die Gleise zu überqueren, von der Lokomotive des Zehn-Uhr-Zuges aus Kingstown erfasst wurde und dabei Verletzungen am Kopf und an der rechten Körperseite erlitt, die ihren Tod zur Folge hatten.

James Lennon, der Lokomotivführer, sagte aus, er sei bereits seit fünfzehn Jahren bei der Eisenbahngesellschaft beschäftigt. Beim Pfiff des Aufsichtsbeamten habe er den Zug in Bewegung, ihn aber Sekunden später wieder zum Stehen gebracht, als er Schreie hörte. Der Zug sei noch sehr langsam gefahren.

P. Dunne, ein Gepäckträger, gab an, beobachtet zu haben, wie eine Frau, gerade als der Zug sich in Bewegung setzte, die Gleise zu überqueren versuchte. Er sei schreiend auf sie zu gelaufen, aber noch ehe er sie erreicht habe, sei sie von einem der Puffer der Lokomotive erfasst worden und und zu Boden gestürzt.

EIN GESCHWORENER Sie sahen also die Dame fallen?

ZEUGE Jawohl.

Police-Sergeant Croly deposed that when he arrived he found the deceased lying on the platform apparently dead. He had the body taken to the waiting-room pending the arrival of the ambulance.

Constable 57 E corroborated.

Dr Halpin, assistant house-surgeon of the City of Dublin Hospital, stated that the deceased had two lower ribs fractured and had sustained severe contusions of the right shoulder. The right side of the head had been injured in the fall. The injuries were not suffi-cient to have caused death in a normal person. Death, in his opinion, had been probably due to shock and sudden failure of the heart's ac-tion.

Mr H. B. Patterson Finlay, on behalf of the railway company, expressed his deep regret at the accident. The company had always taken every precaution to prevent people crossing the lines except by the bridges, both by plac-ing notices in every station and by the use of patent spring gates at level crossings. The deceased had been in the habit of crossing the lines late at night from platform to platform and, in view of certain other circumstances of the case, he did not think the railway officials were to blame.

Captain Sinico, of Leoville, Sydney Parade, husband of the deceased, also gave evidence. He stated that the deceased was his wife. He was not in Dublin at the time of the ac-cident as he had arrived only that morning

Polizeisergeant Croly sagte aus, bei seinem Eintreffen habe er die Verstorbene offensichtlich tot auf dem Bahnsteig liegend vorgefunden. Er habe den Leichnam bis zum Eintreffen der Ambulanz in den Wartesaal bringen lassen.

Wachtmeister Nr. 57 E bestätigte die Aussage.

Dr. Halpin, Assistenzarzt in der Chirurgischen Abteilung des Städtischen Krankenhauses, erklärte, die Verstorbene habe Frakturen an zwei unteren Rippen sowie schwere Prellungen an der rechten Schulter erlitten, ferner Verletzungen an der rechten Kopfseite infolge des Sturzes. Die Verletzungen seien jedoch nicht so schwer gewesen, um bei einem gesunden Menschen den Tod zu verursachen. Seiner Ansicht nach sei der Tod höchstwahrscheinlich auf Schock und plötzliches Herzversagen zurückzuführen.

Mr H. B. Patterson Finlay gab im Namen der Eisenbahngesellschaft seinem tiefen Bedauern über den Vorfall Ausdruck. Die Gesellschaft habe stets alles getan, um ein Überqueren der Gleise an anderen Stellen als den dafür vorgesehenen Brücken zu verhindern, und zwar durch Aufstellen von Warnschildern in den Bahnhöfen und durch Verwendung von Torschranken an Bahnübergängen. Die Verstorbene habe häufig am späten Abend die Gleise überquert, um von einem Bahnsteig zum anderen zu gelangen, und in Anbetracht gewisser anderer Umstände des Falles könne man seiner Meinung nach dem Bahnpersonal keinen Vorwurf machen.

Kapitän Sinico, wohnhaft in Leoville, Sydney Parade, Ehemann der Verstorbenen, sagte ebenfalls aus. Er bestätigte, dass die Verstorbene seine Ehefrau gewesen sei. Zur Zeit des Unfalls sei er nicht in Dublin gewesen, da er erst an diesem Morgen aus Rotterdam zurückgekehrt

from Rotterdam. They had been married for twenty-two years and had lived happily until about two years ago when his wife began to be rather intemperate in her habits.

Miss Mary Sinico said that of late her mother had been in the habit of going out at night to buy spirits. She, witness, had often tried to reason with her mother and had induced her to join a League. She was not at home until an hour after the accident.

The jury returned a verdict in accordance with the medical evidence and exonerated Lennon from all blame.

The Deputy Coroner said it was a most painful case, and expressed great sympathy with Captain Sinico and his daughter. He urged on the railway company to take strong measures to prevent the possibility of similar accidents in the future. No blame attached to anyone.

Mr Duffy raised his eyes from the paper and gazed out of his window on the cheerless evening landscape. The river lay quiet beside the empty distillery and from time to time a light appeared in some house on the Lucan road. What an end! The whole narrative of her death revolted him and it revolted him to think that he had ever spoken to her of what he held sacred. The threadbare phrases, the inane expressions of sympathy, the cautious words of a reporter won over to conceal the details of a commonplace vulgar death attacked his stomach. Not merely had she degraded herself; she had degraded him.

sei. Seine zweiundzwanzigjährige Ehe sei glücklich gewesen, bis seine Frau vor etwa zwei Jahren einen gewissen Hang zum Alkohol entwickelt habe.

Miss Mary Sinico sagte, ihre Mutter sei in letzter Zeit regelmäßig nachts ausgegangen, um Spirituosen zu kaufen. Sie, die Zeugin, habe öfters versucht, ihrer Mutter ins Gewissen zu reden, und habe sie bewogen, einem Abstinenzverein beizutreten. Sie sei erst eine Stunde nach dem Unglück nach Hause gekommen.

Die Geschworenen bestätigten mit ihrem Urteil das medizinische Gutachten und sprachen Lennon von jeder Schuld frei.

Der Stellvertretende Leichenbeschauer sagte, es handle sich um einen sehr betrüblichen Fall, und sprach Kapitän Sinico und seiner Tochter sein tiefes Mitgefühl aus. Er forderte die Eisenbahngesellschaft auf, wirksame Maßnahmen zu ergreifen, um Unfälle dieser Art künftig zu verhindern. Ein Verschulden treffe jedoch niemanden.

Mr Duffy sah von der Zeitung auf und starrte aus seinem Fenster auf die trostlose Abendlandschaft. Der Fluss lag still neben der leeren Brennerei, und ab und an sah man ein Licht in einem der Häuser an der Lucan Road. So zu enden ! Der ganze Bericht von ihrem Tod entsetzte ihn ebenso wie der Gedanke, dass er je mit ihr über Dinge gesprochen hatte, die ihm heilig waren. Diese fadenscheinigen Phrasen, diese dümmlichen Beileidsbekundungen, diese Umschreibungen eines Reporters, den man dazu überredet hatte, die abstoßenden Einzelheiten dieses banalen Todesfalles zu vertuschen, das alles schlug ihm auf den Magen. Nicht nur sich selbst hatte sie erniedrigt, sondern auch ihn. Er stellte sich

He saw the squalid tract of her vice, miserable and malodorous. His soul's companion! He thought of the hobbling wretches whom he had seen carrying cans and bottles to be filled by the barman. Just God, what an end! Evidently she had been unfit to live, without any strength of purpose, an easy prey to habits, one of the wrecks on which civilization has been reared. But that she could have sunk so low! Was it possible he had deceived himself so utterly about her? He remembered her outburst of that night and interpreted it in a harsher sense than he had ever done. He had no difficulty now in approving of the course he had taken.

As the light failed and his memory began to wander he thought her hand touched his. The shock which had first attacked his stomach was now attacking his nerves. He put on his overcoat and hat quickly and went out. The cold air met him on the threshold; it crept into the sleeves of his coat. When he came to the public-house at Chapelizod Bridge he went in and ordered a hot punch.

The proprietor served him obsequiously but did not venture to talk. There were five or six working-men in the shop discussing the value of a gentleman's estate in County Kildare. They drank at intervals from their huge pint tumblers and smoked, spitting often on the floor and sometimes dragging the sawdust over their spits with their heavy boots. Mr Duffy sat on his stool and gazed at them, without seeing or hearing them. After a while they went out and

den erbärmlichen Verlauf ihres Lasters vor, elend und übelriechend. Seine Seelenfreundin! Er musste an die Elendsgestalten denken, die er beobachtet hatte, wie sie mit Kannen und Flaschen in eine Schankwirtschaft humpelten, um sie füllen zu lassen. Gütiger Gott, so zu enden! Ganz offenkundig war sie nicht lebenstauglich gewesen, ohne ein Ziel vor Augen, leichtes Opfer von Gewohnheiten, eines jener Wracks, die der Nährboden der Kultur sind. Aber dass sie so tief sinken konnte! Sollte er sich so gründlich in ihr getäuscht haben? Er erinnerte sich an ihren Ausbruch in jener Nacht und deutete ihn nun unnachsichtiger als je zuvor. Es fiel ihm jetzt nicht mehr schwer, den von ihm eingeschlagenen Weg gutzuheißen.

Es wurde dunkler, und als seine Gedanken in die Vergangenheit schweiften, war ihm, als berührte ihre Hand die seine. Der Schock, der ihm zunächst auf den Magen geschlagen war, griff jetzt auch seine Nerven an. Rasch zog er Mantel und Hut an und ging ins Freie. Die kalte Luft traf ihn an der Haustür; sie kroch ihm in die Mantelärmel. Als er die Gastwirtschaft an der Chapelizod Bridge erreichte, ging er hinein und bestellte sich einen heißen Punsch.

Der Wirt bediente ihn unterwürfig, wagte aber keine Unterhaltung. Fünf oder sechs Arbeiter, die in der Gastwirtschaft saßen, erörterten den Wert eines Herrengutes in County Kildare. Ab und zu nahmen sie einen Schluck aus ihren großen Biergläsern, rauchten, spuckten häufig auf den Fußboden und schoben gelegentlich mit ihren schweren Stiefeln Sägemehl über ihr Ausgespucktes. Mr Duffy saß auf seinem Hocker und starrte sie an, ohne sie zu sehen oder zu hören. Nach einer Weile gingen sie, und er bestellte sich noch einen Punsch, über dem

he called for another punch. He sat a long time over it. The shop was very quiet. The proprietor sprawled on the counter reading the *Herald* and yawning. Now and again a tram was heard swishing along the lonely road outside.

As he sat there, living over his life with her and evoking alternately the two images in which he now conceived her, he realized that she was dead, that she had ceased to exist, that she had become a memory. He began to feel ill at ease. He asked himself what else could he have done. He could not have carried on a comedy of deception with her; he could not have lived with her openly. He had done what seemed to him best. How was he to blame? Now that she was gone he understood how lonely her life must have been, sitting night after night alone in that room. His life would be lonely too until he, too, died, ceased to exist, became a memory – if anyone remembered him.

It was after nine o'clock when he left the shop. The night was cold and gloomy. He entered the Park by the first gate and walked along under the gaunt trees. He walked through the bleak alleys where they had walked four years before. She seemed to be near him in the darkness. At moments he seemed to feel her voice touch his ear, her hand touch his. He stood still to listen. Why had he withheld life from her? Why had he sentenced her to death? He felt his moral nature falling to pieces.

When he gained the crest of the Magazine Hill he halted and looked along the river towards

er dann lange Zeit saß. In der Gaststube war es sehr still. Der Wirt lehnte breit auf der Theke und las gähnend den *Herald*. Ab und zu hörte man draußen eine Straßenbahn die einsame Straße entlangrasseln.

Während er so dasaß, die Zeit mit ihr noch einmal durchlebte und sich abwechselnd die beiden Bilder vor Augen rief, in denen er sie sich nunmehr vorstellte, da wurde ihm klar, dass sie tot war, dass sie nicht mehr existierte, dass sie nur noch eine Erinnerung war. Allmählich fühlte er sich unbehaglich. Er fragte sich, was er anderes hätte tun sollen. Eine Komödie der Täuschungen hätte er mit ihr nicht fortführen können; und offen mit ihr zusammenleben hätte er auch nicht können. Er hatte getan, was ihm als das Beste erschien. Wie sollte ihn eine Schuld treffen? Jetzt, da sie nicht mehr lebte, wurde ihm klar, wie einsam sie gewesen sein musste, wenn sie Abend für Abend allein in jenem Zimmer saß. Auch sein Leben würde einsam sein, bis auch er starb, nicht mehr existierte, nur noch eine Erinnerung war – falls sich irgendwer an ihn erinnerte.

Es war nach neun Uhr, als er die Wirtschaft verließ. Die Nacht war kalt und finster. Er betrat den Park durch das erste Tor und ging unter den kahlen Bäumen entlang. Er folgte den zugigen Wegen, die sie vor vier Jahren auch gegangen waren. Sie schien ihm in der Dunkelheit nahe zu sein. In manchen Augenblicken schien es, als berührte ihre Stimme sein Ohr, ihre Hand die seine. Er blieb stehen und lauschte. Warum hatte er ihr das Leben verweigert? Warum hatte er sie zum Tode verurteilt? Er fühlte sein sittliches Ich zerbrechen.

Als er oben auf dem Magazine Hill angelangt war, blieb er stehen und sah den Fluss entlang nach Dublin,

Dublin, the lights of which burned redly and hospitably in the cold night. He looked down the slope and, at the base, in the shadow of the wall of the Park, he saw some human figures lying. Those venal and furtive loves filled him with despair. He gnawed the rectitude of his life; he felt that he had been outcast from life's feast. One human being had seemed to love him and he had denied her life and happiness: he had sentenced her to ignominy, a death of shame. He knew that the prostrate creatures down by the wall were watching him and wished him gone. No one wanted him; he was outcast from life's feast. He turned his eyes to the grey gleaming river, winding along towards Dublin. Beyond the river he saw a goods train winding out of Kingsbridge Station, like a worm with a fiery head winding through the darkness, obstinately and laboriously. It passed slowly out of sight; but still he heard in his ears the laborious drone of the engine reiterating the syllables of her name.

He turned back the way he had come, the rhythm of the engine pounding in his ears. He began to doubt the reality of what memory told him. He halted under a tree and allowed the rhythm to die away. He could not feel her near him in the darkness nor her voice touch his ear. He waited for some minutes listening. He could hear nothing: the night was perfectly silent. He listened again: perfectly silent. He felt that he was alone.

dessen Lichter in der kalten Nacht rötlich und einladend brannten. Er schaute den Hang hinunter und sah unten im Schatten der Parkmauer einige menschliche Gestalten liegen. Diese Liebe, käuflich und verstohlen, erfüllte ihn mit Verzweiflung. Er nagte an der Redlichkeit seines Lebens. Er fühlte, dass er vom Fest des Lebens ausgeschlossen worden war. Der Einzigen, die ihn geliebt zu haben schien, hatte er Leben und Glück verweigert; er hatte sie zu Schande, zu einem schmählichen Tod verurteilt. Er wusste, dass die liegenden Gestalten da unten an der Mauer ihn beobachteten und wegwünschten. Niemand wollte ihn; er war vom Fest des Lebens ausgeschlossen. Er wandte seine Augen dem grau schimmernden Fluss zu, der sich Dublin entgegenwand. Auf der anderen Flussseite sah er einen Güterzug, der sich aus dem Bahnhof Kingsbridge wand wie ein Wurm mit einem feurigen Kopf, der sich beharrlich und mühsam durch die Finsternis windet. Langsam verlor er ihn aus den Augen, aber noch immer hörte er das mühsame Schnaufen der Lokomotive, mit dem sie die Silben ihres Namens monoton wiederholte.

Er ging den Weg zurück, den er gekommen war, und der Rhythmus der Lokomotive pochte weiter in seinen Ohren. Er bezweifelte allmählich die Wirklichkeit dessen, was die Erinnerung ihm sagte. Er blieb unter einem Baum stehen und ließ den Rhythmus verklingen. Er konnte jetzt in der Dunkelheit ihre Nähe und ihre Stimme in seinem Ohr nicht mehr spüren. Er wartete einige Minuten und lauschte. Er hörte nichts, die Nacht war vollkommen still. Er lauschte noch einmal: vollkommen still. Er fühlte, dass er allein war.

ANMERKUNGEN

The Sisters

Seite 6, Zeile 15   *gnomon in the Euclid* – Ein Gnomon ist ein unvollständiges oder Ergänzungsparallelogramm, wie es in der euklidischen Geometrie – benannt nach dem griechischen Mathematiker Euklid (4. Jahrhundert v. Chr.) – vorkommt.

Seite 6, Zeile 16   *simony in the Catechism* – Im katholischen Kirchenrecht ist Simonie der nach Simon Magus (Apostelgeschichte 8, 18) benannte strafbare Handel mit geistlichen Gütern, z. B. Sakramenten oder Ablässen.

Seite 10, Zeile 9   *Rosicrucian* – Anhänger der mystischen und alchimistischen Lehren der Rosenkreuzer, einer seit dem 17. Jahrhundert bestehenden geheimnisumwitterten Gemeinschaft, die jener der Freimaurer verwandt ist und von der katholischen Kirche ablehnend betrachtet wird. Hier abschätzig gebraucht im Sinne von «religiöser Schwärmer».

Seite 12, Zeile 5 v. u.   *R. I. P.* – (Abkürzung für lat.) *requiescat in pace*: Er ruhe in Frieden.

Seite 24, Zeile 3   *Freeman's General* – Eine gemäßigt konservative Tageszeitung.

Seite 26, Zeile 4   *Irishtown* – Um 1900 ein vorwiegend von Arbeitern bewohnter Dubliner Vorort, etwa zwei Kilometer südöstlich vom Stadtzentrum gelegen.

An Encounter

Seite 32, Zeile 7, 2 v. u.   *college, National School* – Mit «college» ist hier eine von Jesuiten geleitete, auf klas-

sische Bildung gerichtete höhere Schule gemeint; eine
«National School» ist demgegenüber eine staatliche
Schule mit eher praktischen Bildungszielen, die zudem englische und protestantische Grundsätze vertrat
und deshalb von katholischen Erziehern und Familien
oft mit Misstrauen betrachtet wurde.

Seite 34, Zeile 7 v.u. *Pigeon House* – Elektrizitätswerk
an der Liffeymündung.

Seite 36, Zeile 16 *pipeclayed* – Weißer Pfeifenton
(*pipe clay*) wurde zur Herstellung von Tabakpfeifen
und Keramik verwendet, aber auch, um weiße Lederoder Leinenschuhe aufzuhellen.

Seite 38, Zeile 7 v.u. *Smoothing Iron* – Badeanstalt
an der Dublin Bay, die ihren Namen von einem Felsvorsprung hatte, der dem Griff eines Bügeleisens
ähnelte.

Seite 40, Zeile 13 *Ringsend* – Östlicher Vorort von
Dublin am Südufer der Liffeymündung.

Seite 42, Zeile 9 v.u. *Dodder* – Flüsschen, das bei
Ringsend in die Liffeymündung fließt.

Seite 46, Zeile 2 f. *the poetry of Thomas Moore …* –
Thomas Moore (1779–1852), irischer Dichter der
Romantik; Sir Walter Scott (1771–1832), schottischer
Dichter und Autor historischer Romane *(Waverley,
Ivanhoe)*; Lord Lytton (Edward Bulwer-Lytton –
1803–1873), englischer Politiker und Romanschriftsteller *(The Last Days of Pompeii)*. Einige Kritiker
verfolgten Bulwer-Lytton lange Zeit mit dem Vorwurf, er sei ein «Jugendverderber», weil er in seinem
(sehr erfolgreichen) Roman *Eugene Aram* nicht eindeutig Stellung gegen den Raubmord beziehe, den
sein Titelheld verübt.

Eveline

Seite 58, Zeile 13   *the Blessed Margaret Mary Alaco-que* – Französische Nonne des 17. Jahrhunderts, 1864 seliggesprochen, 1920 heiliggesprochen, gab durch ihre Visionen den Anstoß zur Herz-Jesu-Verehrung; religiöse Drucke stellten eine Christusfigur in einem Strahlenkranz dar, in dem zwölf Verheißungen an alle jene verzeichnet waren, die wie die Selige Margareta Maria das Herz Jesu verehren.

Seite 62, Zeile 10 v. u.   *The Bohemian Girl* – Beliebte Operette (1843) des irischen Komponisten Michael William Balfe (1808–1870) mit einem Libretto von Alfred Bunn (siehe Anmerkungen zu *Clay*).

Seite 64, Zeile 6   *the terrible Patagonians* – Entdeck-ungsreisende des 16. und 17. Jahrhunderts behaup-teten, in Patagonien oder Feuerland an der Südspitze Südamerikas furchterregende Riesen gesehen zu haben. Im Volksglauben hat sich diese legendenhafte Vorstellung noch lange erhalten.

Seite 66, Zeile 11 v. u.   *Derevaun Seraun!* – Die Schreib-weise gibt nur annähernd die Aussprache gälischer Worte wieder, so dass verschiedene Deutungen möglich sind, u. a. «Das Ende des Liedes ist Wahnsinn», «Das Ende der Freude ist Leid» oder «Am Ende nur Maden».

Seite 66, Zeile 1 v. u.   *the station at the North Wall* – Passagiergebäude am Nordufer der Liffey. Vom North Wall-Kai fuhr jeden Abend ein Schiff *(night boat)* nach Liverpool, dem damals größten englischen Über-seehafen.

The Boarding House

Seite 72, Zeile 15   *She went to the priest …* – Eine Ehe-scheidung ist irischen Katholiken nach dem Kirchen-

recht verwehrt; wohl aber kann die Kirche unter bestimmten Voraussetzungen eine Trennung gestatten.

Seite 72, Zeile 19   *sheriff's man, bailiff* – Amtsgehilfe im Dienst des Sheriff, eines Beamten der Krone, der gerichtliche oder behördliche Anordnungen zu vollstrecken hatte.

Seite 84, Zeile 18   *Reynolds's Newspaper* – Eine als radikal geltende Londoner Sonntagszeitung, die vorzugsweise über politische und Gesellschaftsskandale berichtete.

Seite 90, Zeile 2   *Bass* – Ein dunkles Starkbier *(ale)*.

A Little Cloud

«*A little cloud*», auch «*a cloud no bigger than a man's hand*» ist eine redensartliche Bezeichnung für ein erstes, zunächst vielleicht unbemerktes, Anzeichen drohenden Unheils oder kommender Veränderungen. Der Ursprung ist ein Vers aus 1. Könige 18, 44: «Siehe, es gehet eine kleine Wolke auf aus dem Meer wie eines Mannes Hand.»

Seite 94, Zeile 2   *North Wall* – Siehe Anmerkungen zu *Eveline*.

Seite 94, Zeile 6 v. u.   *King's Inns* – Wie die Inns of Court in London Sitz von Anwaltskanzleien und Ausbildungsstätte für Anwälte.

Seite 98, Zeile 9   *Corless's* – Restaurant des Burlington Hotel in der Dubliner Innenstadt.

Seite 98, Zeile 19   *alarmed Atalantas* – In der griechischen Mythologie lebt die leichtfüßige Atalanta, «verschreckt durch eine Mahnung des Gottes», einsam in den Wäldern und will nur den zum Mann nehmen, der sie im Wettlauf besiegt (vgl. Ovid, *Metamorphosen*, 10. Buch).

Seite 102, Zeile 4 v. u.   *the Celtic School* – Ausgehend von Matthew Arnolds *Study of Celtic Literature* (1867) fasste die englische Literaturkritik unter dieser Bezeichnung irische Dichter des späten 19. Jahrhunderts zusammen, deren besonderes Interesse einer Wiederbelebung und Erhaltung der irischen Sprache und Kultur galt und deren Werke oft einen Ton verträumter Wehmut anschlagen. Hierzu zählten u. a. W. B. Yeats, George William Russell (A. E.) und George Moore.

Seite 104, Zeile 2 v. u.   *Lithia* – Ein Mineralwasser.

Seite 106, Zeile 11   *orange tie* – Orange ist die Farbe des anglo-irischen Protestantismus und daher für einen katholischen irischen Nationalisten besonders auffällig.

Seite 108, Zeile 11   *Land Commission* – Behörde, die im Zuge der Bodenreform die Übergabe von Farmland aus der Hand der Grundbesitzer an die Pächter betrieb.

Seite 118, Zeile 3 v. u.   *deoc an doruis* – (gälisch, auch *doch an doris)* Abschiedstrunk.

Seite 128, Zeile 10 v. u.   «*Hushed are the winds …*» – Erste Strophe von *On the Death of a Young Lady*, einem frühen Gedicht des englischen Romantikers George Gordon Lord Byron, aus *Hours of Idleness* (1807). Die Übersetzung ist die von Otto Gildemeister (1890).

Clay

Seite 134, Zeile 10 v. u.   *peace-maker* – Vgl. Matth. 5, 9: «Blessed are the peacemakers: for they shall be called the children of God.» – «Selig sind die Friedfertigen, denn sie werden Gottes Kinder heißen.»

Seite 134, Zeile 1 v. u. f.   *the Pillar* – Die Nelson-Säule, ein Wahrzeichen Dublins, 1808 auf der O'Connell

Street im Stadtzentrum gegenüber dem Hauptpostamt errichtet, 1966 am 50. Jahrestag des Osteraufstands von irischen Nationalisten gesprengt. *Ballsbridge* ist ein Vorort im Südosten, *Drumcondra* ein Vorort im Norden Dublins.

Seite 136, Zeile 9   *half-crown* – Münze im Wert von zwei Schilling sechs Pence.

Seite 136, Zeile 10 v. u.   *the Dublin by Lamplight laundry* – Joyce schrieb im November 1906 an seinen Bruder Stanislaus: «Was die *Dublin by Lamplight Laundry* bedeutet? Das ist der Name der Wäscherei in Ballsbridge, von der in der Erzählung die Rede ist. Sie wird von einer Gesellschaft protestantischer Jungfern, Witwen und kinderloser Frauen – glaube ich – als Magdalenenheim geführt. Der Ausdruck *Dublin by Lamplight* bedeutet, dass Dublin bei Lampenlicht ein sündiger Ort voller sündiger und gefallener Frauen ist, die ein gütiges Komitee zusammenholt, damit sie, indem sie meine schmutzigen Hemden waschen, ein gutes Werk tun. Mir gefällt der Ausdruck, weil ‹es eine sanfte Art ist, das auszudrücken›.» (*Briefe I*, Frankfurt/M 1969, S. 357).

Seite 138, Zeile 1   *tracts* – Religiöse protestantische Schriften oder Plakate.

Seite 138, Zeile 19   *Hallow Eve* – Auch *All Hallows' Eve, Hallowe'en*: 31. Oktober, der Abend vor Allerheiligen (All Hallows' Day). Hat seinen Ursprung im keltischen Samhain, der Feier des Winteranfangs; Kinder treiben an diesem Abend traditionell allerlei Mummenschanz und Schabernack; auch verschiedene Spiele gehören zu den Bräuchen dieses Abends (s. w. u. *Hallow Eve games*).

Seite 138, Zeile 7 v. u.   *porter* – Starkes Bier.

Seite 142, Zeile 4, 10   *penny-cakes, plumcake* – *Penny-cakes* sind kleine Gebäckstücke zum Preis von einem Penny. *Plumcake* ist eine Art Gewürzkuchen, dessen hauptsächliche Zutaten Rosinen, Sultaninen, kandierte Kirschen und gemahlene Mandeln sind; er hat einen Mandel- oder Zuckerguss und wird meist zu festlichen Anlässen serviert.

Seite 148, Zeile 12   *Hallow Eve games* – Das Spiel mit den Untertassen soll zeigen, was das kommende Jahr bringen wird: den Ring zu berühren, bedeutet Heirat; Gesangbuch – Eintritt in ein Kloster; Wasser – Fruchtbarkeit, Leben; Erde – Tod.

Seite 150, Zeile 10   *Miss McCloud's Reel* – Traditionelle irische Tanzweise im Viervierteltakt.

Seite 150, Zeile 7 v. u. ff.   *I dreamt that I dwelt ...* – Bekanntes Lied aus der Operette *The Bohemian Girl* (siehe Anmerkungen zu *Eveline*). Die Strophe, die Maria auslässt, lautet sinngemäß:
Mir träumte von Freiern, die um meine Hand anhielten, und von Rittern, die mit gebeugtem Knie und mit Schwüren, denen kein Mädchenherz widerstand, mir ewige Treue gelobten. Und mir träumte, dass einer aus dieser edlen Schar vortrat und meine Hand forderte, doch träumte ich auch, und das beglückte mich am meisten, dass du mich liebtest wie je.

A Painful Case

Seite 154, Zeile 1   *Chapelizod* – Etwa fünf Kilometer westlich vom Stadtzentrum gelegener Vorort von Dublin, am Rande des Phoenix Park.

Seite 154, Zeile 7 v. u.   *Wordsworth* – William Wordsworth (1770–1850), einer der bedeutendsten Dichter der englischen Romantik.

Seite 154, Zeile 6 v. u. f.   *Maynooth Catechism* – Der durch die Synode von Maynooth verabschiedete Katechismus war um 1900 das Standardwerk des katholischen Glaubensunterrichts in Irland.

Seite 154, Zeile 2 v. u. f.   *Hauptmann's* Michael Kramer – Der junge Joyce hat sich intensiv mit Gerhart Hauptmanns Dramen beschäftigt und *Vor Sonnenaufgang* (1889), möglicherweise auch *Michael Kramer* (1900) ins Englische übersetzt.

Seite 156, Zeile 13   *saturnine* – In der mittelalterlichen Astrologie und Medizin: vom Planeten Saturn beeinflusst, daher von schwerfälligem, kaltem, düsterem Wesen.

Seite 158, Zeile 4 f.   *arrowroot biscuits* – Eine Art Zwieback, für dessen Herstellung das sehr stärkehaltige Mehl der Pfeilwurz verwendet wird.

Seite 158, Zeile 6 v. u.   *Rotunda* – Rundbau am oberen Ende der O'Connell Street, in dem Bälle und Konzerte gegeben wurden.

Seite 160, Zeile 12 v. u.   *Earlsfort Terrace* – Straße südlich von Stephen's Green, an der das Dublin International Exhibition Building lag, wo u. a. Konzerte gegeben wurden.

Seite 166, Zeile 10   *Parkgate* – Der Haupteingang zum im Westen Dublins gelegenen Phoenix Park.

Seite 166, Zeile 8 v. u.   *two volumes by Nietzsche* – Die Bezüge zwischen Nietzsches Schriften und dem Denken Mr Duffys beginnen bei dessen Neigung zu sentenzenhaften Formulierungen, sind aber im Übrigen zu vielfältig, um hier näher dargestellt zu werden.

Seite 168, Zeile 9 v. u.   *the buff Mail* – Die *Dublin Evening Mail*, eine pro-englische Zeitung, wurde auf gelblichbraun getöntem Papier gedruckt.

Seite 170, Zeile 6 *Sydney Parade* – Bahnstation an der Sydney Parade Avenue am südöstlichen Rand von Dublin.

Seite 170, Zeile 10 *Coroner* – Ein von den örtlichen Behörden bestellter Anwalt oder Arzt, der in gewissen Fällen, unterstützt von Geschworenen, die Ursache eines Todes untersucht, z. B. bei Verdacht auf ein Verbrechen oder bei Todesfällen auf öffentlichen Verkehrswegen.

Seite 178, Zeile 2 v. u. *Magazine Hill* – Anhöhe am südlichen Rand des Phoenix Park, auf der sich ein befestigtes Pulvermagazin (Magazine Fort) befindet.